Patrick Spielman
Sherri Spielman Valitchka

Fröhliches Landleben

Vorlagen und Anleitungen

Verlag Th. Schäfer Hannover

DANK

Aufrichtigen Dank und Anerkennung schulden wir Patricia Spielman, Ehefrau und Mutter, für ihre Hilfe bei der künstlerischen Gestaltung dieses Buches. Ihr scharfer Blick, ihr Gefühl für Proportionen und ihr ungewöhnliches Talent im Entwerfen haben wesentlich zum Erfolg beigetragen.

Ein ganz besonderer Dank gilt unserem Künstler Dirk Boelman von der Art Factory, dessen Vorschläge zu ansprechenden künstlerischen Entwürfen führten. Dank der hervorragenden Zusammenarbeit klappte es mit der raschen Abwicklung, etwas, das uns sehr am Herzen lag. Wir danken auch Luke Valitchka für seine Unterstützung, seinen Zuspruch und die praktische Hilfe in der Werkstatt.

Aus dem Amerikanischen übersetzt von Dr. Günther Heine, Aumühle/Hamburg

In der Reihe „Arbeiten mit der Feinschnitt-Laubsäge" erscheinen in loser Folge Bücher mit Mustervorlagen und Arbeitsanleitungen.
Danach können Hobbywerker Spielzeuge, Figuren, Puzzles, Dekoratives und vieles mehr aus Holz selbst gestalten.

ISBN 3-88746-400-1

Best.-Nr. 9209

© 1990 Patrick Spielman und Sherri Spielman Valitchka für die amerikanische Ausgabe "Scroll Saw Country Patterns"

© 1999 Verlag Th. Schäfer, Hannover Redaktion Dr. Joachim F. Baumhauer

Die deutsche Ausgabe erscheint mit Genehmigung des Verlages Sterling Publishing Co., Inc. New York

Gesamtherstellung Th. Schäfer Druckerei GmbH, Hannover

Inhalt

Einleitung und allgemeine Hinweise

In den vergangenen zehn bis fünfzehn Jahren hat sich der ländliche Dekorationsstil zu einem beliebten Trend und zum Standardrepertoire in der Einrichtung entwickelt. Das „Landleben" ist mehr als nur eine vorübergehende Mode, was einige Experten anfänglich vermutet hatten. Heute sind aus Holz ausgesägte ländliche Motive bei Inneneinrichtern, Sammlern und Holzhandwerkern in ganz Nordamerika und Europa außerordentlich beliebt.

Ländlicher Stil verleiht einem Heim Wärme und Gemütlichkeit. Er trägt dazu bei, daß die Bewohner zu Ruhe und Gelassenheit finden, im Gegensatz zur Hektik unseres Alltags, der von leblosen Kunststoffen und der hochtechnisierten Umgebung im Beruf bestimmt ist. Wir wollen echtes Holz um uns haben, etwas, das wir auch anfassen können. Wir lieben originelle, handgearbeitete Dinge, die etwas besonderes darstellen und sich deutlich von Massenartikeln abheben.

All dies sind willkommene Nachrichten für Hobby-Heimwerker, die mit der Feinschnittsäge (Dekupiersäge) arbeiten. Ländliche Motive auszusägen macht Spaß, geht schnell und ist einfach. Die Anfertigung dieser Werkstücke erfordert keine große künstlerische Begabung und keine besonderen technischen Fähigkeiten. Der Umgang mit der Säge läßt sich rasch erlernen (siehe Abbildung 1). Kinder ab neun Jahren und natürlich Erwachsene jeden Alters können ziemlich schnell etwas für den eigenen Gebrauch und zum Spaß fertigen, aber auch zum Verschenken oder vielleicht sogar zum lukrativen Verkauf.

Sicher ist für den Besitzer einer Feinschnittsäge hochwillkommen zu hören, daß es einige Neuerungen bei den Maschinen gibt. Außerdem können unsere Tips und Vereinfachungen die Arbeit wesentlich erleichtern. Die neue Feinschnittsäge mit konstanter Spannung des Sägeblatts, die seit über einem Jahrzehnt auf dem Markt ist, ermöglicht das genaue, detailgetreue Aussägen aus stärkerem Werkstoff schneller und leichter als je zuvor. Aus dem Schwarzwald kommen die qualitätvollen Sägen der Firma Hegner (siehe Abbildung 1), mit denen wir bevorzugt arbeiten.

Alle Vorlagen in diesem Buch können mit jeder Feinschnitt- oder Laubsäge ausgesägt werden. Etliche davon lassen sich auch mit einer Bandsäge aussägen. Generell gilt jedoch, daß man mit Feinschnittsägen, die obendrein auch noch wesentlich ungefährlicher sind, fast genauso schnell arbeiten kann wie mit einer Bandsäge. Außerdem kann man mit ihnen engeren Kurven folgen und Durchbrüche aussägen, dadurch sind sie für kleinere Arbeiten wie die nach den Vorlagen im Buch sehr gut geeignet.

Um die Vorlagen benutzen zu können, müssen sie von den Buchseiten auf das Werkstück übertragen werden, deshalb benötigt man zunächst eine Kopie der Vorlage. Man kann die Umrisse der Vorlagen auf Transparentpapier durchpausen. Auf einem Kopiergerät geht das selbstverständlich schneller. Außerdem können die Vorlagen hier in jedem beliebigen Maßstab vergrößert oder verkleinert werden. Fotokopierer sind immer vielseitiger geworden, und sie sind heute überall verfügbar. Damit gehören die arbeitsintensiven und ungenauen Kopier- und Vergrößerungsverfahren wie die Verwendung von Gitternetzen,

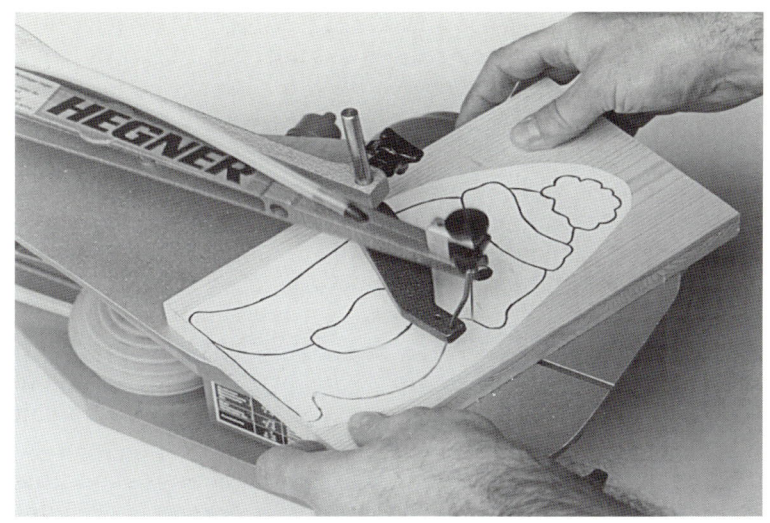

Abbildung 1

Die meisten Motive aus diesem Buch lassen sich mit jeder beliebigen Feinschnittsäge anfertigen. Eine Qualitätssäge ist allerdings empfehlenswert. Hier wird gerade 25 mm starkes Holz mit feinem Sägeblatt geschnitten.

Abbildung 2

Die Rückseite der Vorlage wird ganz leicht mit Sprühkleber eingesprüht.

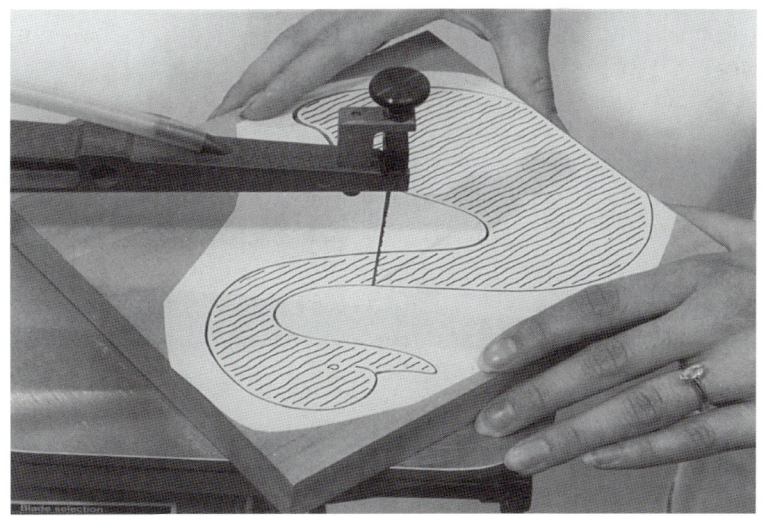

Abbildung 3

Das unsaubere Durchpausen mit Kohlepapier erübrigt sich, wenn die kopierte, mit Sprühkleber versehene Vorlage mit leichtem Druck der Hand auf dem Holz befestigt wird.

schlecht einstellbaren Pantographen oder das Nachzeichnen der Linien unter Benutzung verschiedener Projektionsgeräte der Vergangenheit an.

Als nächstes braucht man nur noch eine einfache, schnelle und genaue Methode, um die kopierte Vorlage auf dem Werkstück zu befestigen. Für diesen wichtigen Arbeitsschritt empfehlen wir vorzugsweise, die Vorlage mit einem Sprühkleber direkt auf dem Holz zu befestigen. Dafür eignet sich z. B. der „Spray-Mount"-Kleber der Firma 3M. Sprühkleber ist in den meisten Photogeschäften sowie in Geschäften für Künstler- und Graphikerbedarf zu erhalten. Eine Dose reicht bei einer durchschnittlichen Zahl von Arbeiten an der Feinschnittsäge etwa ein Jahr. Dieser Kleber ist ein vorzügliches Hilfsmittel.

Beim Gebrauch sprüht man die Rückseite der Vorlage nur leicht ein (siehe Abbildung 2). Nach einer Ablüftzeit von 15 bis 30 Sekunden drückt man die Vorlage mit der Hand auf das Holz und schon kann das Sägen beginnen (siehe Abbildung 3). Das unbefriedigende Durchpausen mit Kohlepapier und andere Verfahren, die niemals klare, scharfe und genaue Umrisse ergeben, wie sie für sorgfältiges Aussägen notwendig sind, fallen damit weg. Nach dem Aussägen läßt sich die Vorlage leicht wieder abziehen (siehe Abbildung 4). Der Sprühkleber hinterläßt auf dem Holz praktisch keine Rückstände, die die spätere Oberflächenbehandlung beeinträchtigen könnten. Eigentlich sollte man die Holzoberfläche mit Schleifpapier Körnung 220 leicht überschleifen, ob das jedoch unbedingt nötig ist, darüber läßt sich streiten.

Wir haben uns sehr bemüht, in diesem Buch eine neue, anders gestaltete Reihe von Vorlagen für Arbeiten mit der Feinschnittsäge vorzustellen. Die Auswahl ergänzt die Vorlagen aus unseren vorigen Büchern, einschließlich des Bandes „Lustige Figuren aus Holz - selbst gemacht" (Th. Schäfer Best.-Nr. 9208). Die klaren Umrißlinien und die Schraffuren sollen deutlich zeigen, wo der Sägeschnitt laufen muß. Wir sind der Meinung, daß dadurch auch die Augen nicht so rasch ermüden und der Sägeschnitt sorgfältiger ausgeführt werden kann. In 28 Themenbereichen haben wir fast 400 Vorlagen zusammengestellt. Damit stellen wir diese neuen Entwürfe in einen weiten Rahmen, von relativ niedrigem Schwierigkeitsgrad bis zu mittelschweren Ansprüchen.

Übrigens, eine Vorlage, die Ihnen gut gefällt, können Sie durchaus auf vielfältige Weise nutzen. Sie haben die Möglichkeit, nach nur einer Vorlage eine ganze Reihe von unterschiedlichen Objekten zu gestalten. Auch wenn das hier nicht ausdrücklich beschrieben ist, es ist eine Überlegung wert, ob sie die Figur nicht auch als Wandschmuck nutzen können, als Dekoration auf Borden oder Kaminsimsen, Türstopper, Ornamente, die in Bäume oder Fenster gehängt werden können, Briefbeschwerer, Schlüsselanhänger, Miniaturen und Schmuckobjekte, magnetischer Gefrierschrank-Schmuck oder schließlich mit Dübeln oder Holzpflöcken versehen zum Aufhängen von allerlei Sachen (siehe Abbildung 5). Die Muster können außerdem als Aufdoppelungen oder als durchbrochene Arbeit auf Tabletts, Schranktüren, Füllungen, Schmuckkästen und als Ornament auf hölzerne Schilder geleimt werden, um nur einige weitere Möglichkeiten zu nennen. Sie können eine Vorlage als Spiegelbild oder für eine Reihe gleicher Teile verwenden. Noch abwechslungsreicher ist es, wenn Sie das gleiche Muster aus verschiedenartigen Werkstoffen aussägen.

Die meisten Vorlagen eignen sich zum Aussägen aus Werkstoffen, die Sie nach Art, Sorte und Stärke selbst wählen können. Zu Ihrer Information haben wir die von uns verwendeten Werkstoffe bei den Farbabbildungen aufgeführt. Das sind jedoch lediglich Vorschläge. Wenn für ein Teil bestimmte Abmessungen oder die abschließende Oberflächenbehandlung wichtig sind, ist auch dies angegeben.

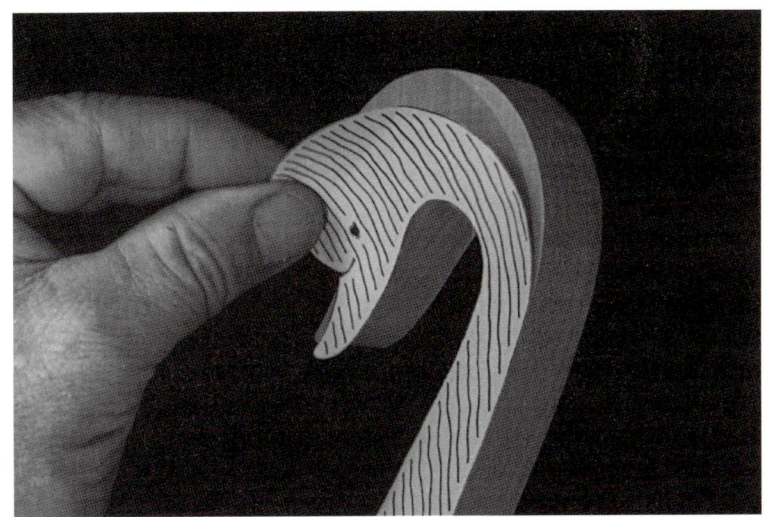

Abbildung 4

Nach dem Aussägen läßt sich die Vorlage leicht vom Holz abziehen ohne Rückstände zu hinterlassen, die die Oberflächenbehandlung beeinträchtigen könnten.

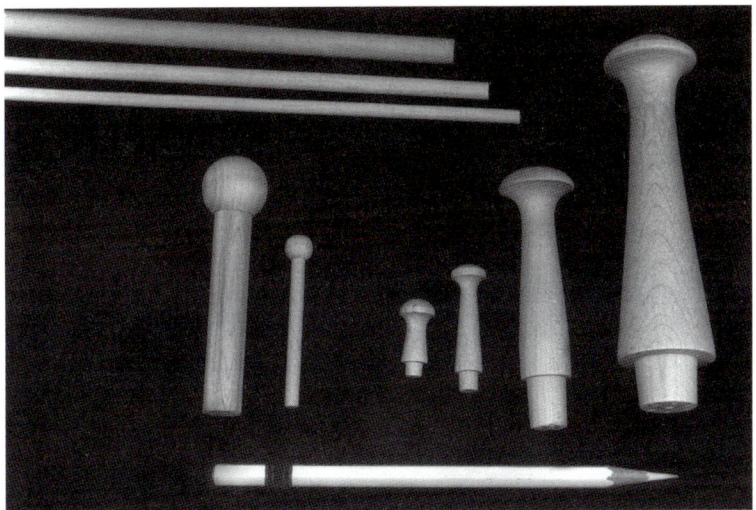

Abbildung 5

Dübelholz und Drechselteile gibt es in reicher Auswahl.

Abbildung 6

Aussägen von Durchbrüchen bei Mehrlagenschnitt. Bohrungen ermöglichen das Einfädeln des Sägeblatts für das Aussägen der Durchbrüche. Zwei Lagen Holz sind im Bereich des Abfalls zusammengenagelt, und nach dem Sägen liegen zwei identische Stücke vor.

Abbildung 7

Die Durchbrüche werden zuerst ausgesägt, anschließend der Außenumriß, danach sind die Teile voneinander gelöst.

Abbildung 8

Als Ergebnis erhält man zwei identische Ornamente bei Verwendung von nur einer Vorlage.

Abbildung 9

Man schafft mehr, wenn sechs Lagen Sperrholz, mit kleinen Stücken beidseitig klebender Folie zusammengeheftet, in mehreren Lagen gleichzeitig ausgesägt werden.

Abbildung 10

Naturbelassenes oder gebeiztes Holz kann einfach mit dem tiefeindringenden „Danish Oil" behandelt werden. Zur Oberflächenveredlung ist es ideal, weil es dem Objekt einen feinen, matt schimmernden Glanz verleiht.

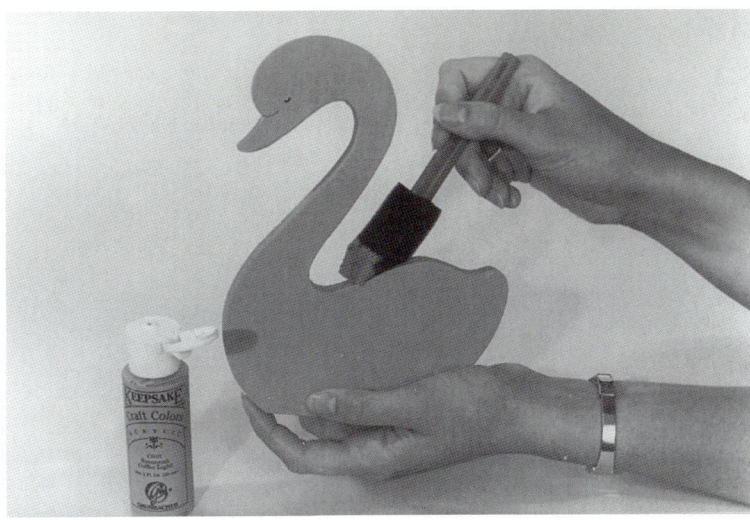

Abbildung 11

Acrylfarben lassen sich nach dem Auftrag teilweise wieder abwischen, dadurch entsteht ein „antiker" Eindruck. Zum Auftragen von Acrylfarben eignen sich Schaumstoffpinsel, die hinterher leicht mit Wasser gereinigt werden können.

Viele Muster können sowohl aus massivem Holz als auch aus Sperrholz oder Furnierplatten in Stärke von 1 mm bis zu 70 mm oder mehr nach Ihrem Geschmack und der Leistung Ihrer Feinschnittsäge ausgeschnitten werden.

Für das Aussägen von Durchbrüchen und von Linien, die eine Zeichnung beleben, muß man feine Löcher bohren können und das Sägen von Innenkonturen beherrschen. Feine Bohrungen sind für das Einfädeln des Sägeblatts (Nr. 3 oder 5) erforderlich (siehe Abbildung 6 und 7). Nachdem das Blatt an jedem Ende eingespannt ist und die richtige Spannung hat, kann ein Durchbruch ganz normal ausgesägt werden. Feine Bohrungen bilden auch den Anfang von einzelnen, mit der Feinschnittsäge gesägten Linien. Solche durch das ganze Holz gehenden Sägeschnitte können bestimmte Details bei vielen Mustern ganz entscheidend hervorheben.

Beim Mehrlagen- oder Paketschnitt werden zwei oder mehr Lagen des Werkstoffs aufeinandergebracht und gemeinsam ausgesägt. Auf diese Weise erhält man identische Teile (siehe Abbildung 8). Der Mehrlagenschnitt eignet sich auch

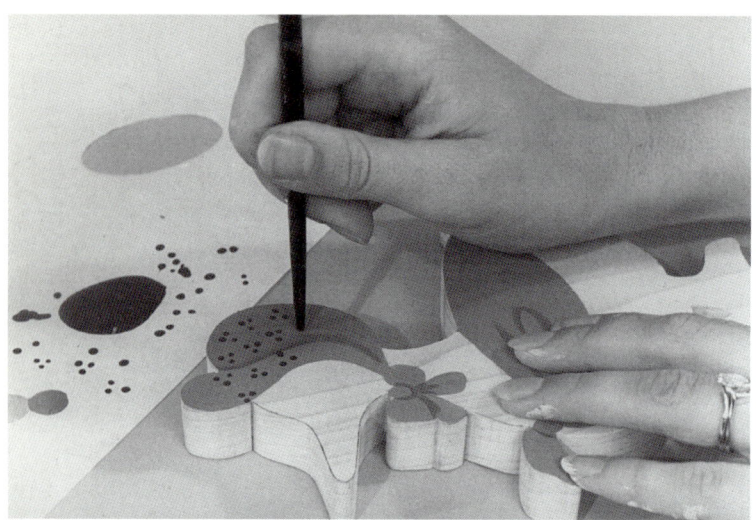

Abbildung 12

Punkte in Reihen oder Gruppen bilden ein dekoratives Muster oder eine Umrandung. Mit dem spitzen Ende des Pinselstiels, in die Farbe getaucht, werden die Punkte alle gleichgroß.

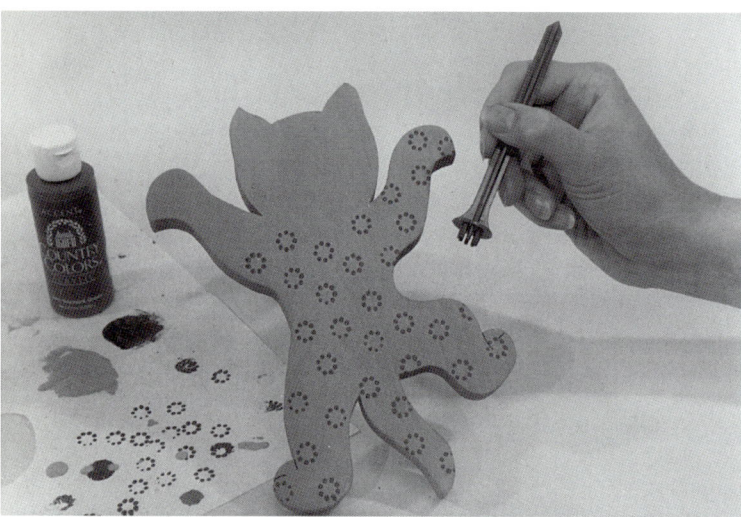

Abbildung 13

Dieses Punktierwerkzeug ist nur eines von vielen Hilfsmitteln, mit denen das Dekorieren einfach und rasch gelingt.

Abbildung 14

Einige einfache Möglichkeiten der Dekoration. Das Tüpfelmuster rechts wurde mit kontrastierender Farbe und einer harten Zahnbürste aufgespritzt. Schleifen, Garn, Bänder und Schnüre, festgeleimt oder angebunden, geben ländlichen Tieren eine persönliche Note (siehe auch die Farbabbildung auf der hinteren Umschlagseite innen).

gut, um eine größere Zahl gleicher Teile wirtschaftlich herzustellen. Voraussetzung ist allerdings, daß die Lagen vorübergehend fest miteinander verbunden werden, damit sie sich beim Sägen nicht gegeneinander verschieben. Dafür gibt es verschiedene Möglichkeiten. Bei dickerem Material bietet sich die Nagelung an, oder auch das punktweise Verleimen im Bereich von Abfallpartien, falls es solche gibt (siehe Abbildung 8). Eine punktweise Heftung mit einem Tropfen Schmelzkleber läßt sich später wieder gut trennen.

Auch beidseitig klebende Folie ist zum Fixieren der Werkstoff-Pakete gut geeignet (siehe Abbildung 9). Man kann sich solche Folie auch leicht selbst herstellen, indem man Papierstücke auf beiden Seiten mit dem Sprühkleber besprüht, wie man ihn auch zum Anheften der Zeichnungen auf dem Holz verwendet (siehe Abbildung 2). Hiermit lassen sich die einzelnen Schichten aller Werkstoffe sicher zusammenhalten, einschließlich derer, die zum Nageln zu dünn sind. Mit Sprühkleber beschichtetes Papier hat genügend Haltekraft, um die Lagen gegen Verschieben zu sichern. Andererseits läßt es sich sehr leicht ablösen, so daß die Lagen nach dem Aussägen ohne Schwierigkeiten getrennt werden können. Handelsübliche, beidseitig klebende Folie haftet wesentlich fester, hinterläßt nach dem Ablösen bisweilen einen klebrigen Rückstand auf der Fläche und reißt manchmal Fasern oder kleine Splitter aus dem Holz heraus. In bestimmten Fällen können die Lagen auch mit Abdeck- oder Gewebeband verbunden werden.

Zum Schluß muß noch die Oberfläche behandelt werden. Beim ländlichen Stil wird oft naturbelassenes oder gebleichtes Holz mit farblichen Details in Blau, Weiß oder Gelb kombiniert. Zur Zeit sind pastellfarbenes Rot und sogar Rosa in Kombination mit naturbelassenem Holz in Mode. Ebenso sind Applikationen mit gemustertem Papier oder Textil beliebt.

Drucke mit Blümchendekor oder schmale Bänder von stark kontrastierender Farbe sind gut geeignet, um aufgeleimt oder hinzugefügt, dem Holz einen Akzent zu geben.

Tief eindringende, natürliche Öle wie die lösemittelfreien Hartöle sind für die abschließende Behandlung von Holz ideal. Sollten Sie „Danish Oil" bisher noch nicht verwendet haben, ist es einen Versuch wert (siehe Abbildung 10). Acrylfarben eignen sich hervorragend für farbliche Gestaltung und Hinzufügung von Details (siehe Abbildung 11 und 12). Mit Einfallsreichtum kann man ansonsten recht schlichten Motiven eine starke persönliche Note geben. Wiederkehrende, kontrastierende Punktmuster auf einer einfarbig kolorierten Oberfläche sind nur eine der Möglichkeiten (siehe Abbildung 12, 13 und 14).

Bei der Stückelung wird ein Ornament einfach mit der Feinschnittsäge in einzelne Teile zerlegt, die anschließend wieder verleimt werden (siehe Abbildung 15). Diese Methode ist besonders hilfreich, um die abschließende Farbgebung zu erleichtern und gleichzeitig einen ungewöhnlich ansprechenden Ausdruck zu erzielen. Zunächst werden die Ornamente in einzelne Teile oder Abschnitte zerlegt (siehe Abbildung 16). Sie sollten die Kanten der Teile brechen oder runden, dadurch werden die Trennfugen am fertigen Teil betont. Bei kleinen Teilen reicht es, dafür Schleifpapier zu benutzen (siehe Abbildung 17), bei größeren kann man ein Schnitzmesser und anschließend das Schleifpapier oder auch einen Fräser nehmen. Die Teile werden am besten vor dem Wiederverleimen einzeln in den unterschiedlichen Farben getönt. Für die Farbgebung eignen sich pigmentierte Ölfarben, farbige Lasuren, Beizen oder pigmentierte Überzüge ganz allgemein.

Abbildung 15

Beispiele für Stückelung. Das Motiv wird in Einzelteile auseinandergesägt (deren Kontur durch Schleifen oder Abrunden betont wird). Die Einzelteile werden individuell farbig bemalt oder gebeizt und dann wieder zum Ganzen verleimt.

Abbildung 16

Eine einfache Arbeit mit Stückelung in zwei Teile. Das Oberteil wird gebeizt und wieder an das naturbelassene Unterteil geleimt, wodurch ein attraktiver Zweiton-Effekt entsteht.

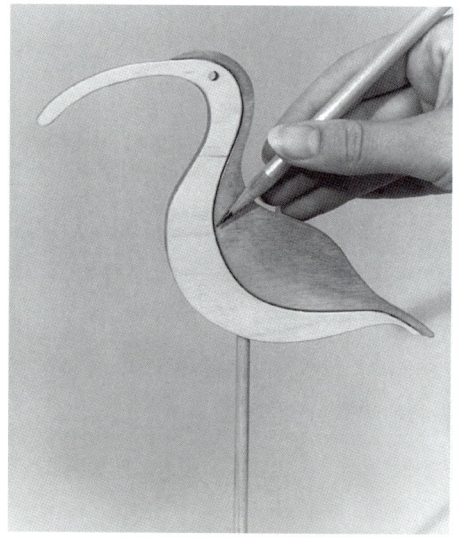

Abbildung 17

Die fertige Arbeit sieht besser aus, wenn die Kanten vor dem Beizen leicht mit Schleifpapier gerundet werden.

Ländliches im Kleinformat

Schafe, Lämmer und Ziegen

Kühe

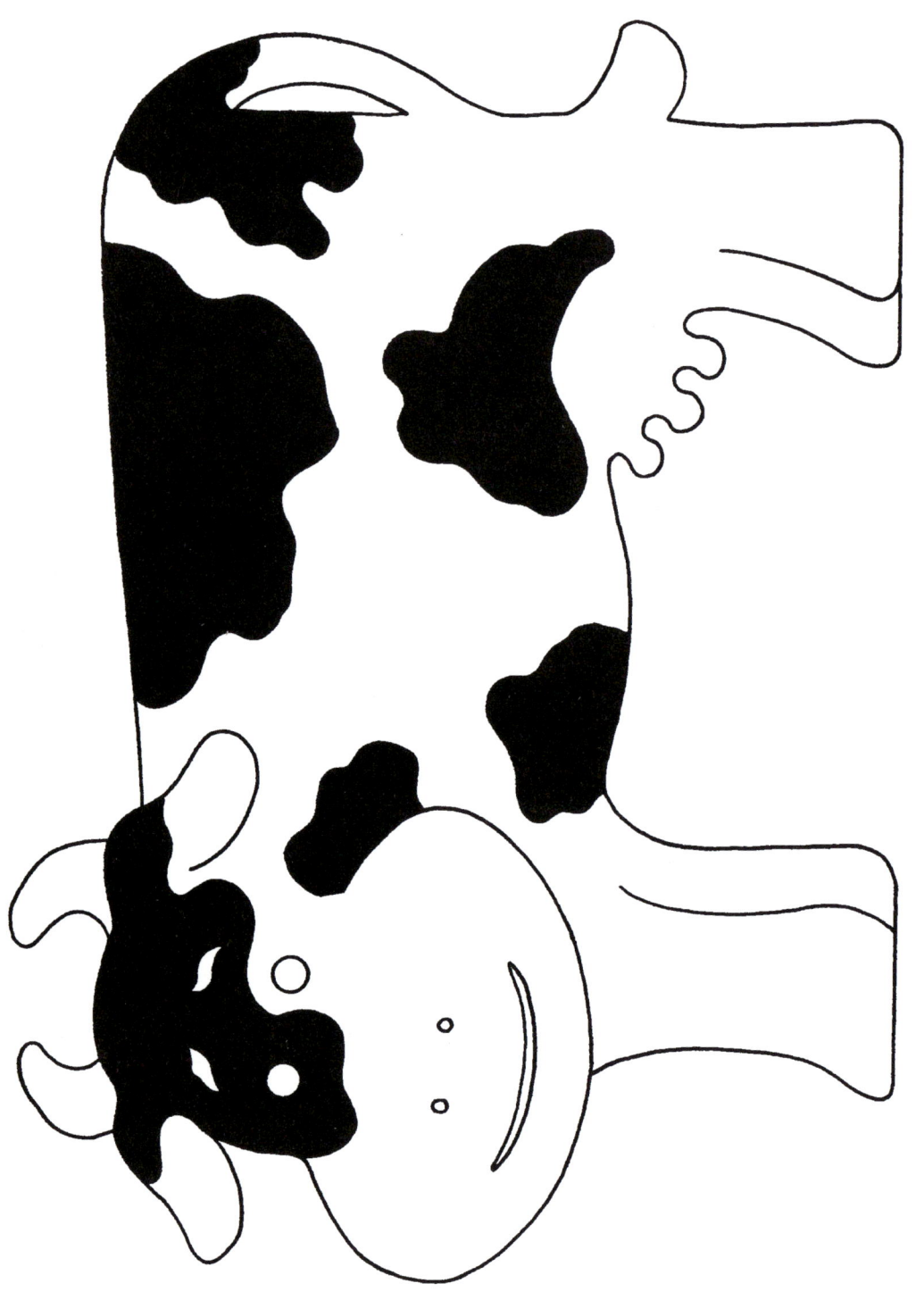

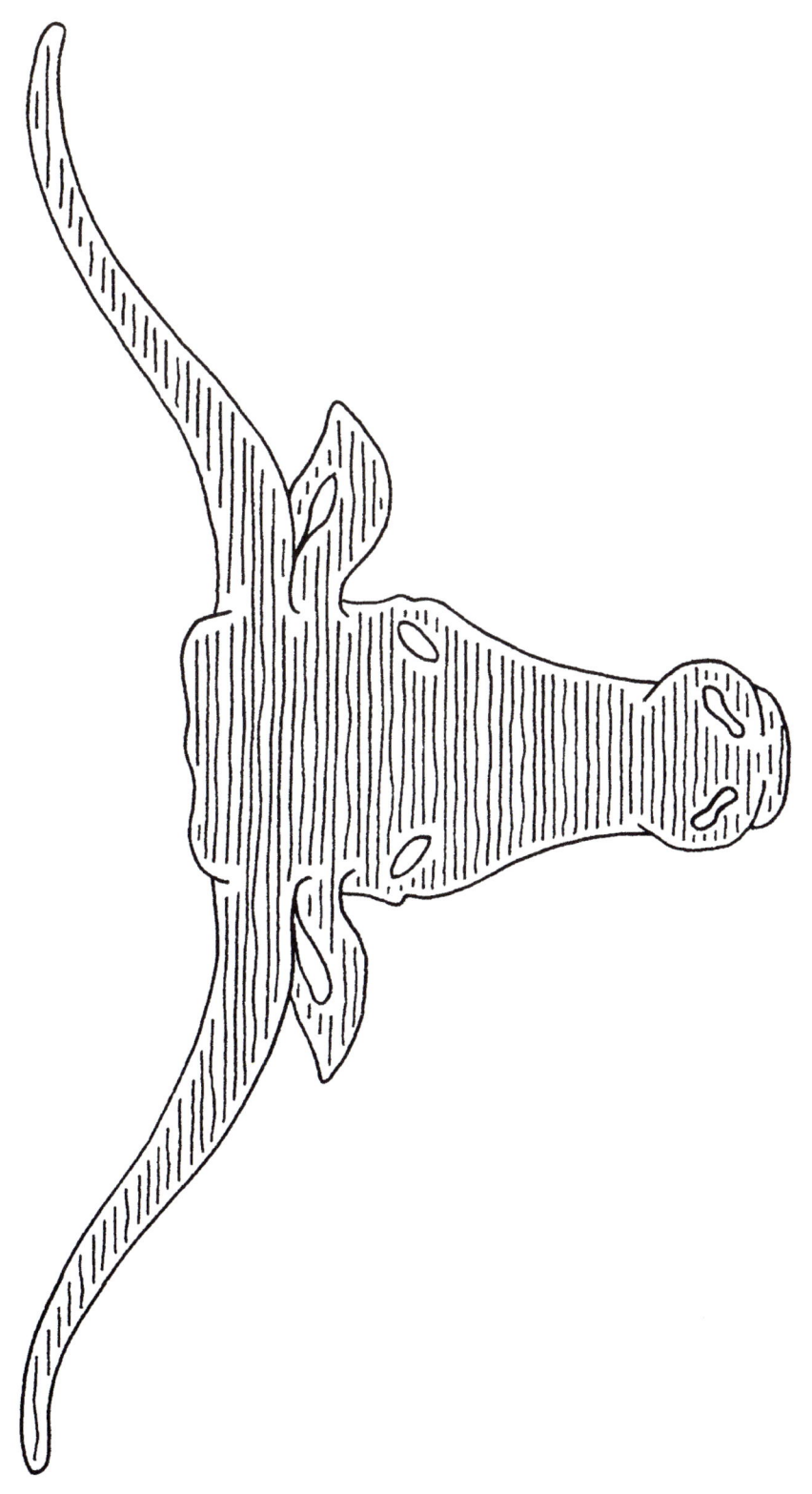

Menschen

Ein Pärchen, aus 19 mm starkem Holz ausgesägt (siehe auch die Farbabbildung auf der Umschlagseite hinten)

Schweine

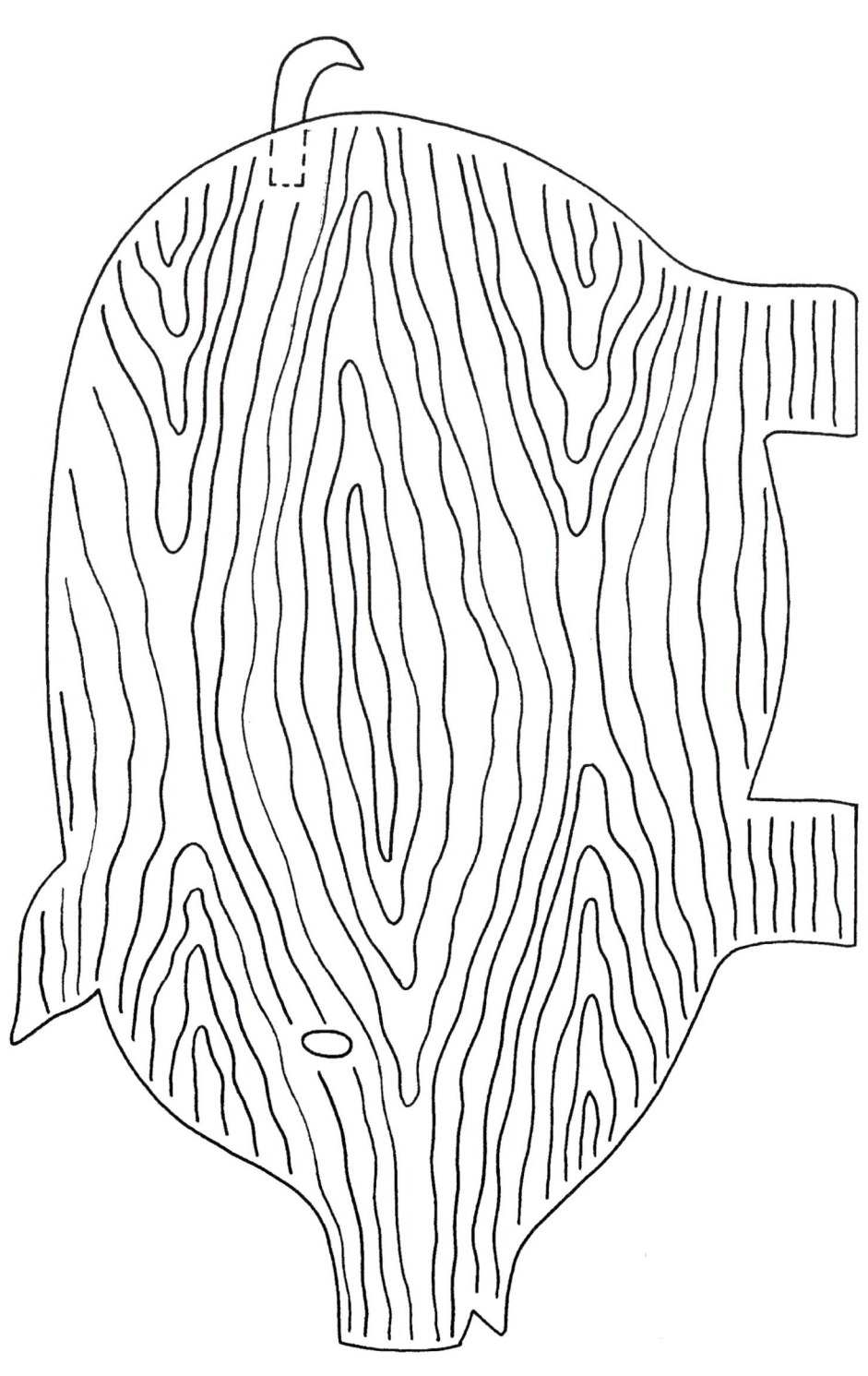

Pferde

Katzen

Katze und Maus sind aus 19 mm starkem Material ausgesägt. Die Maus hat einen Schwanz aus Leder (siehe auch die Farbabbildung auf der Umschlagseite hinen).

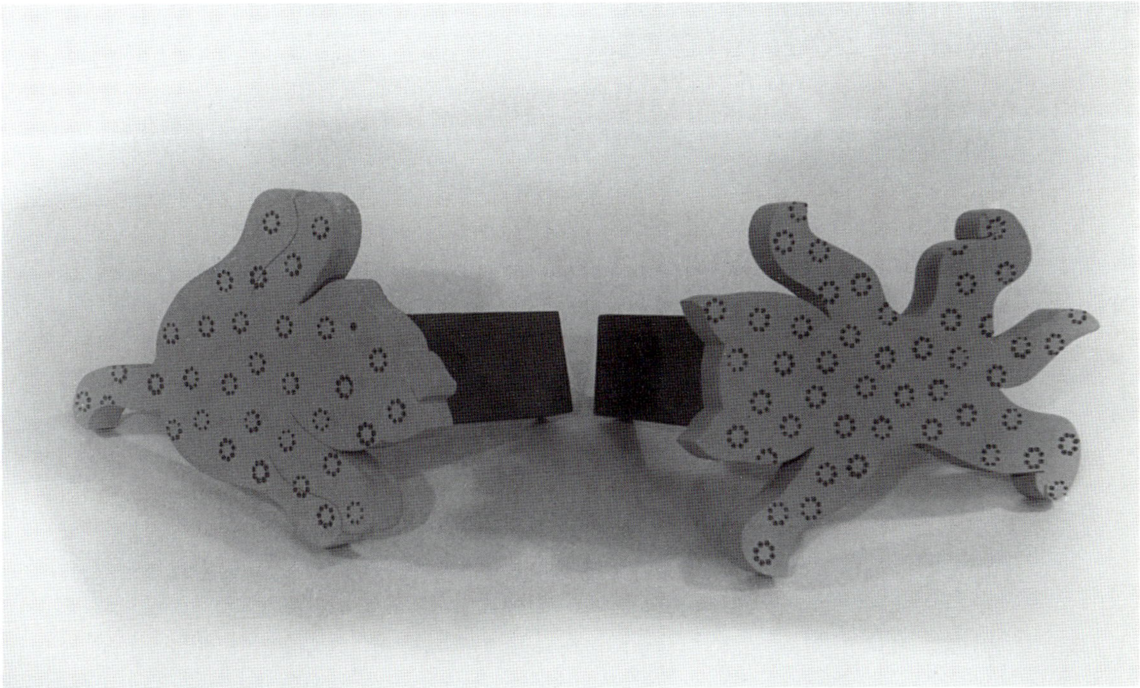

Katzen, die auf ein Bord klettern.

Aufdoppelung

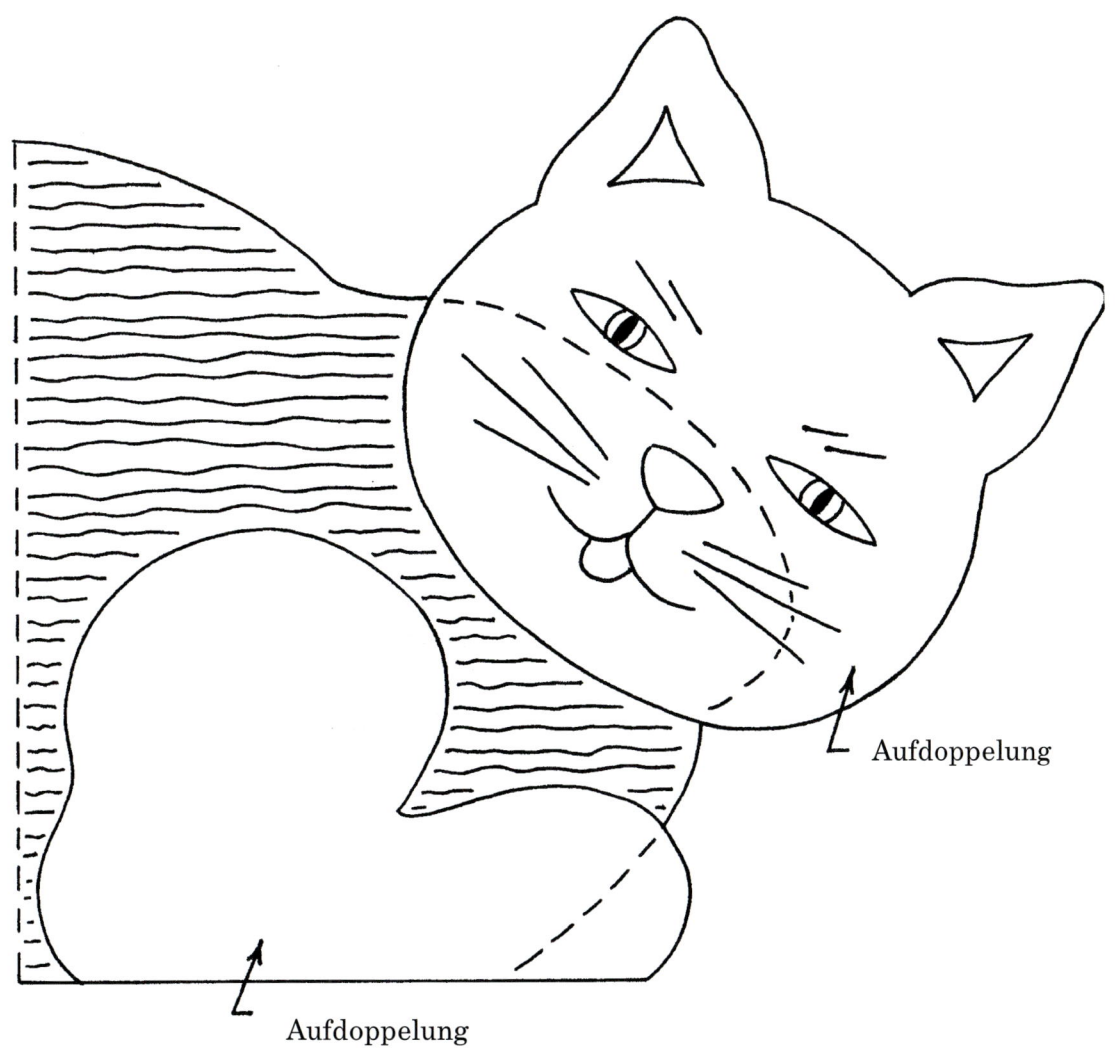

Aufdoppelung

Aufdoppelung

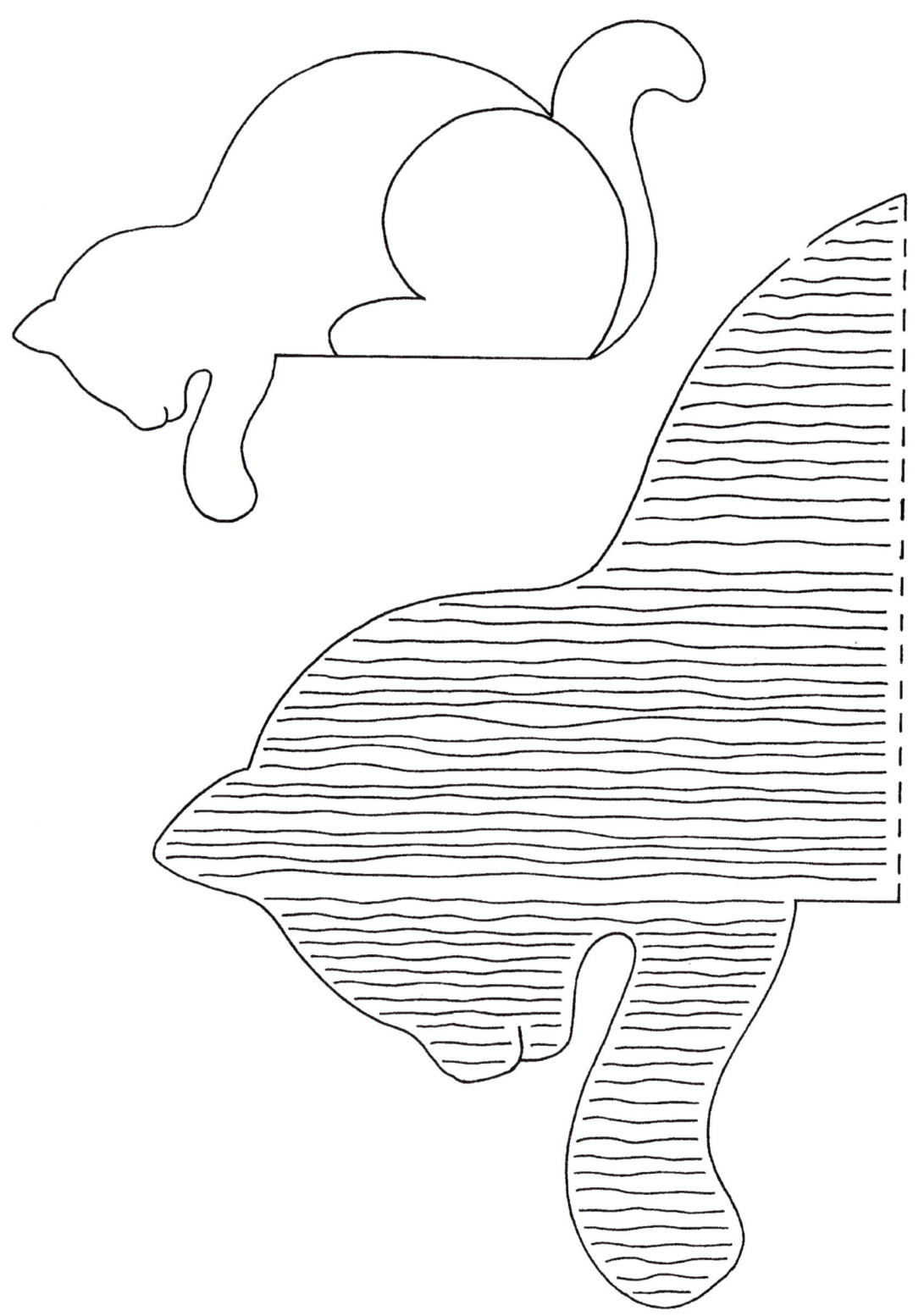

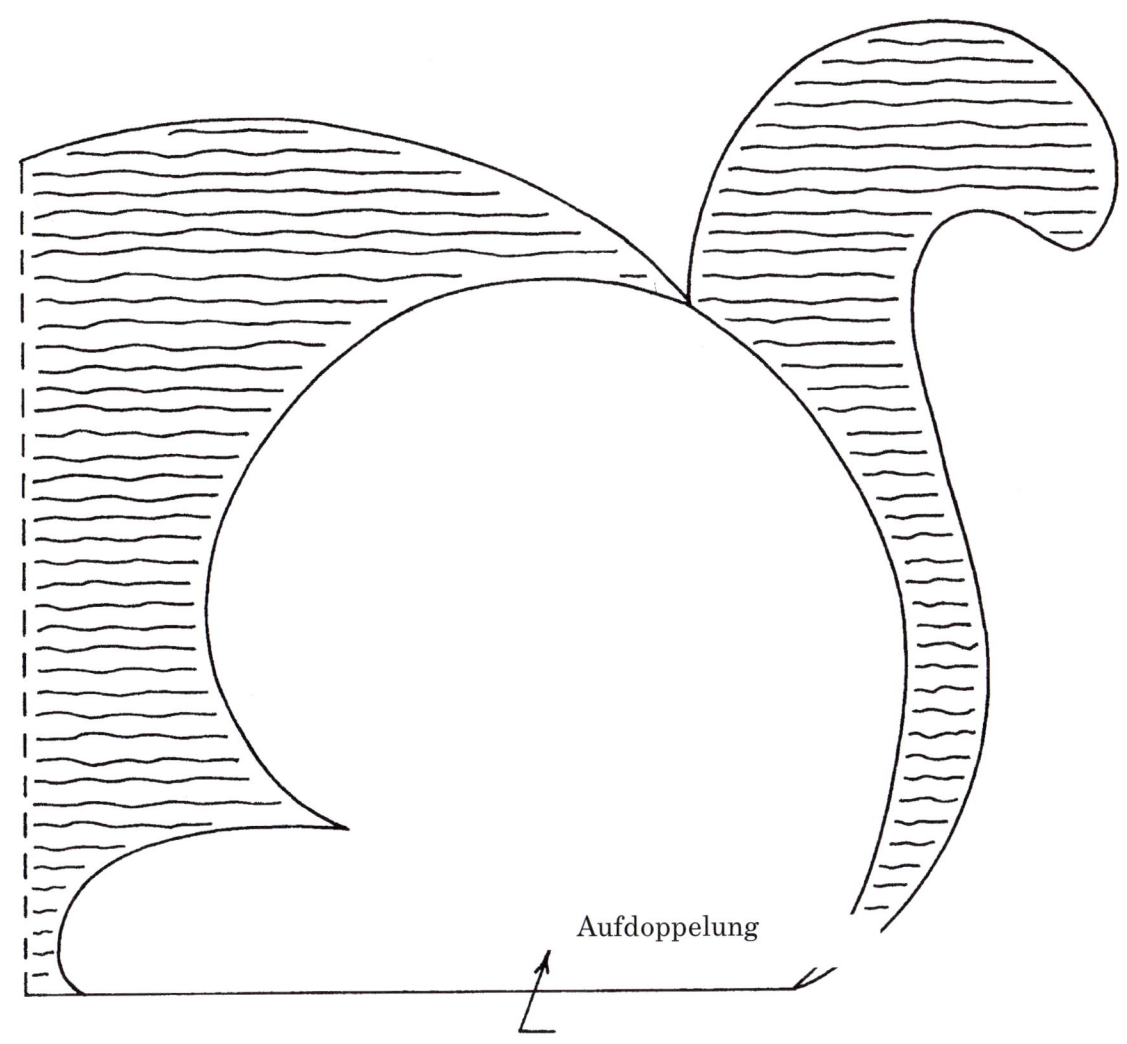

Aufdoppelung

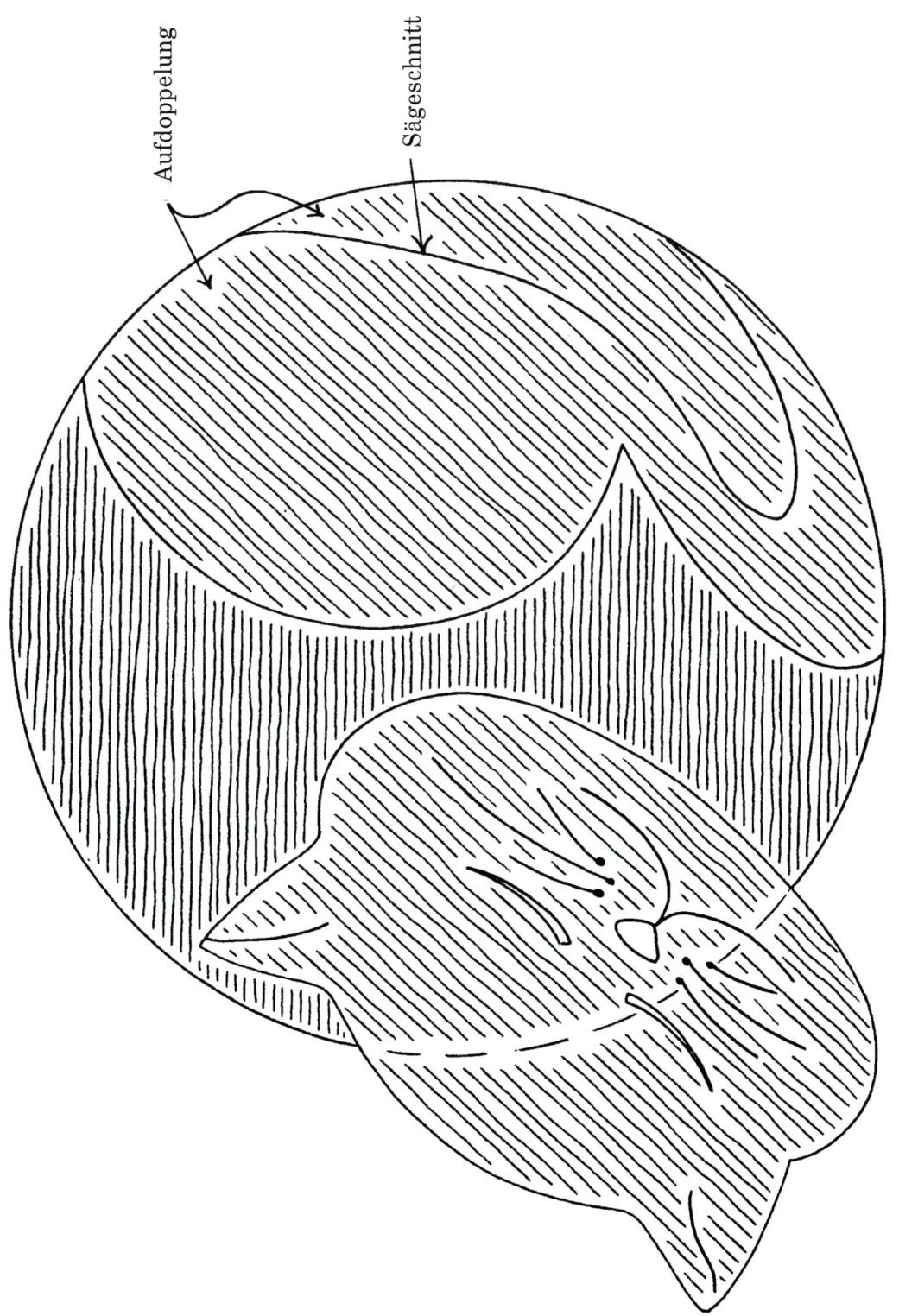

Aufdoppelung

Sägeschnitt

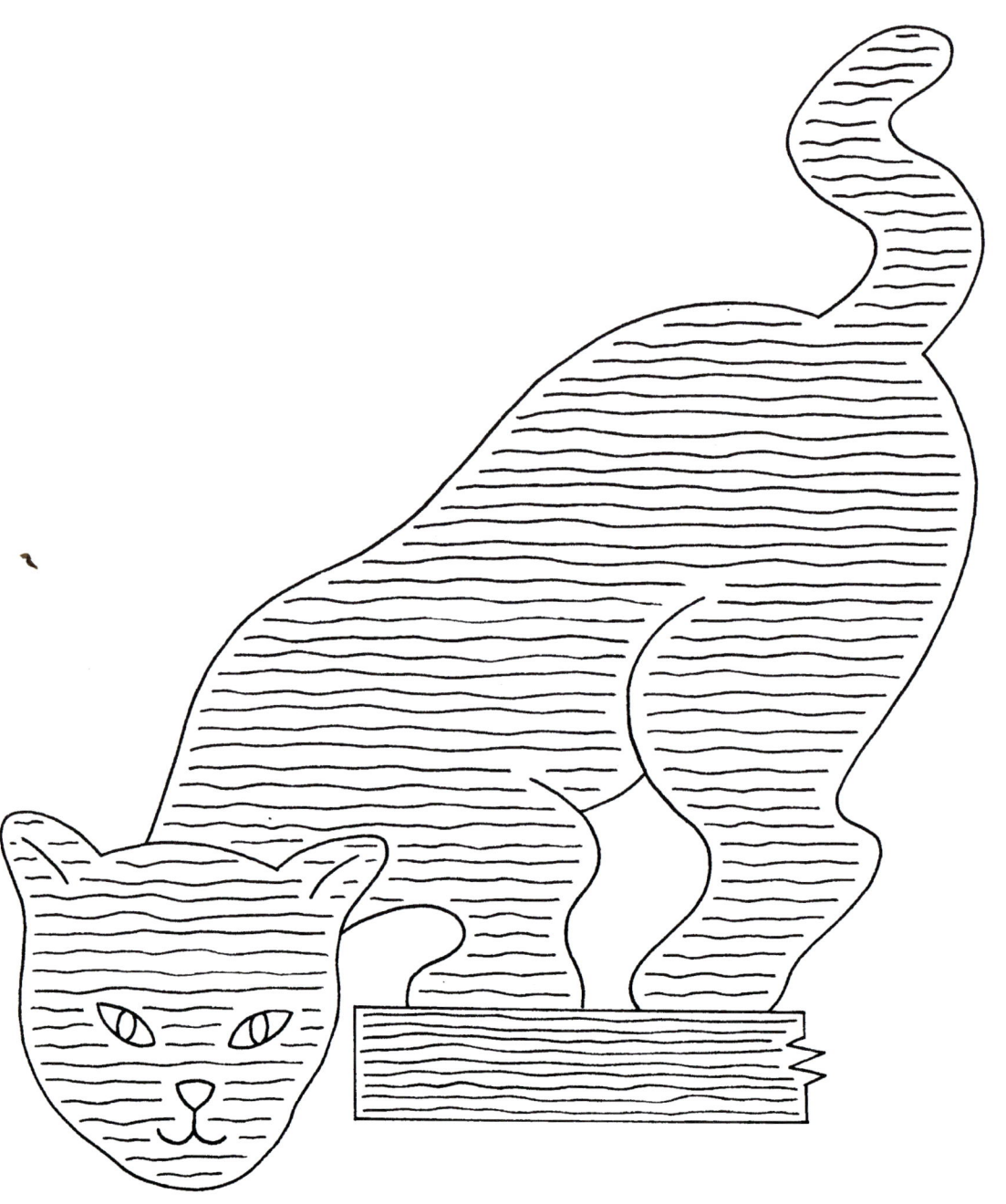

Klotz
19 x 45 x 130 mm

Klotz
19 x 45 x 130 mm

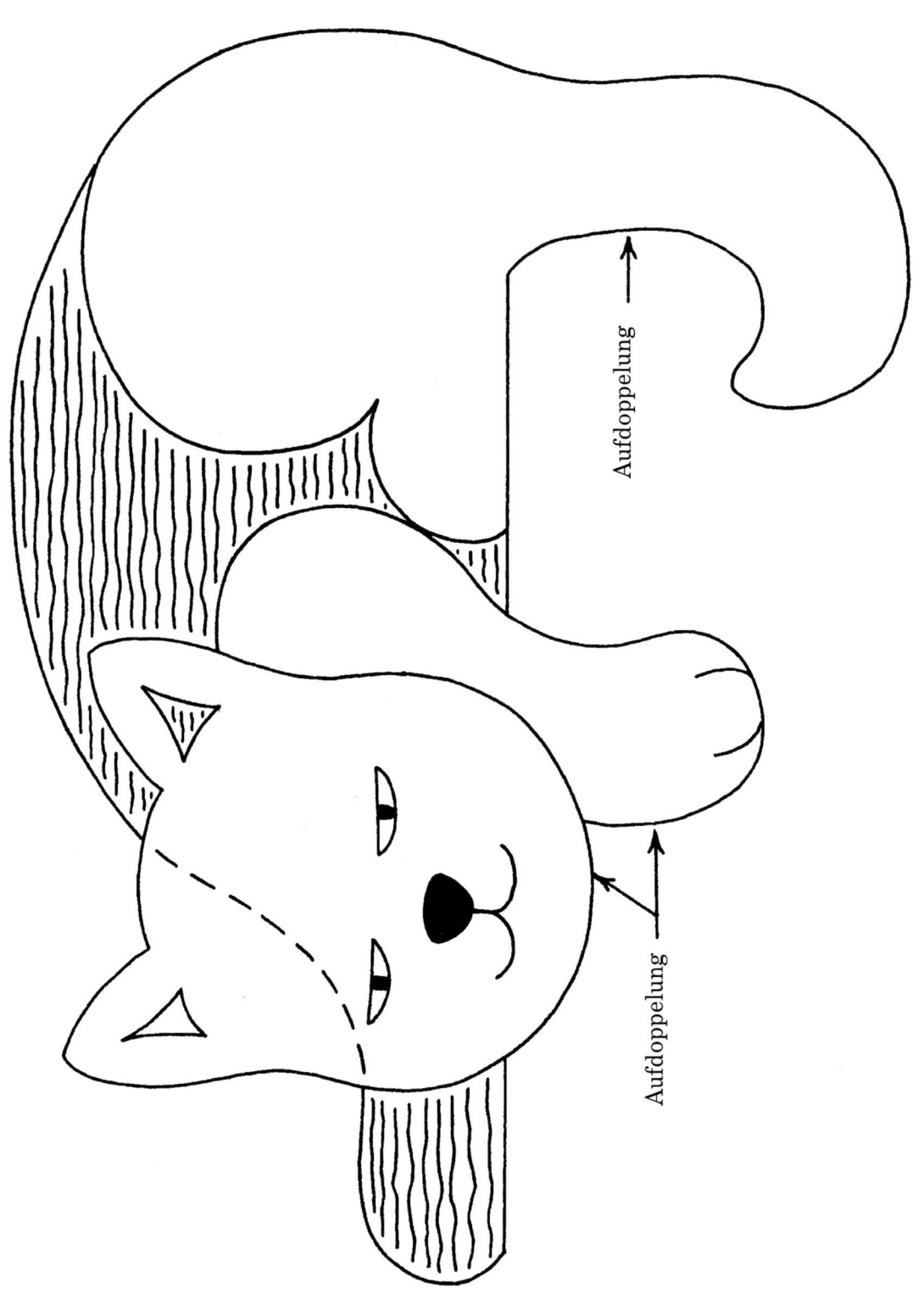

Aufdoppelung

Aufdoppelung

Mäuse

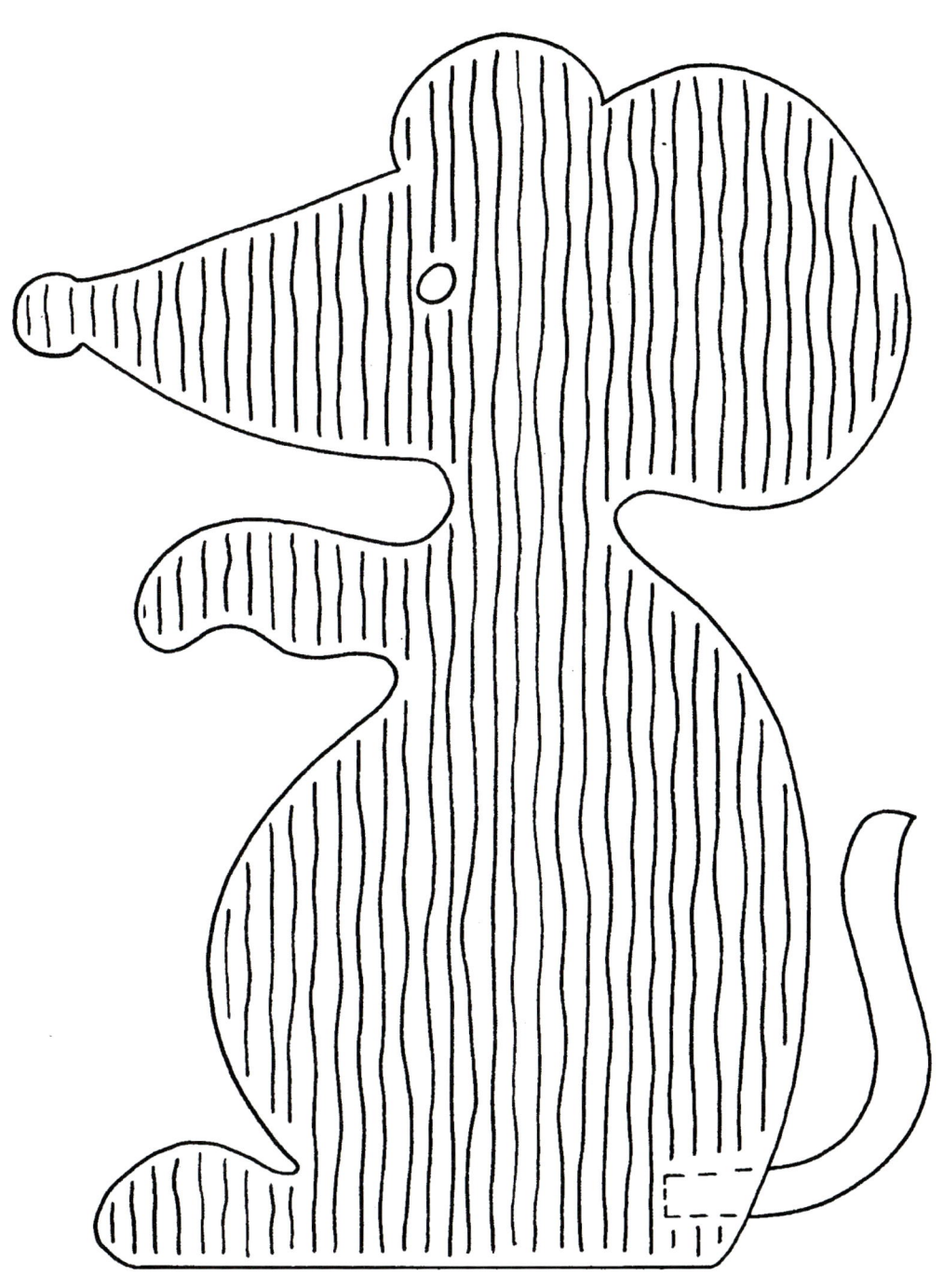

Bären

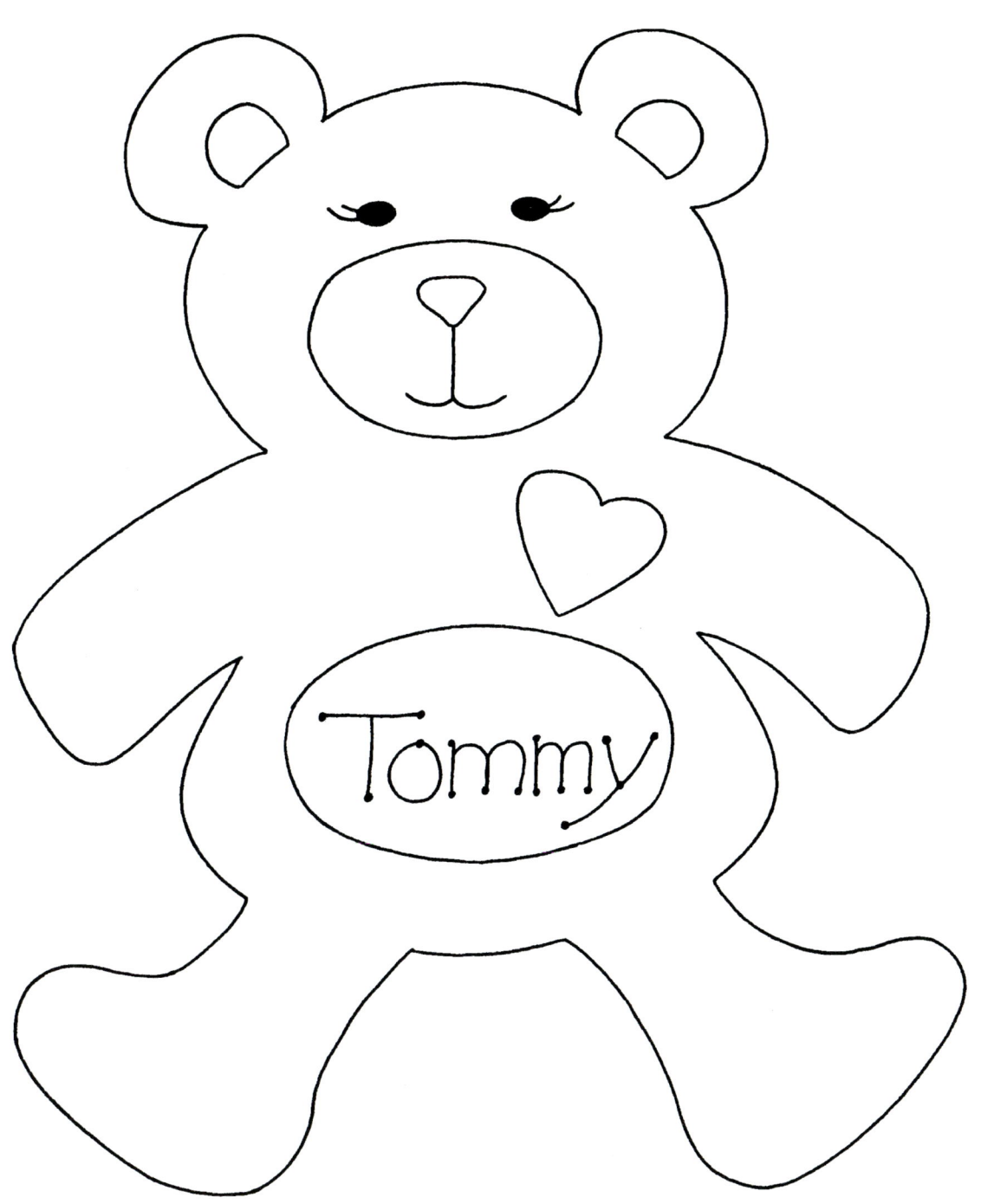

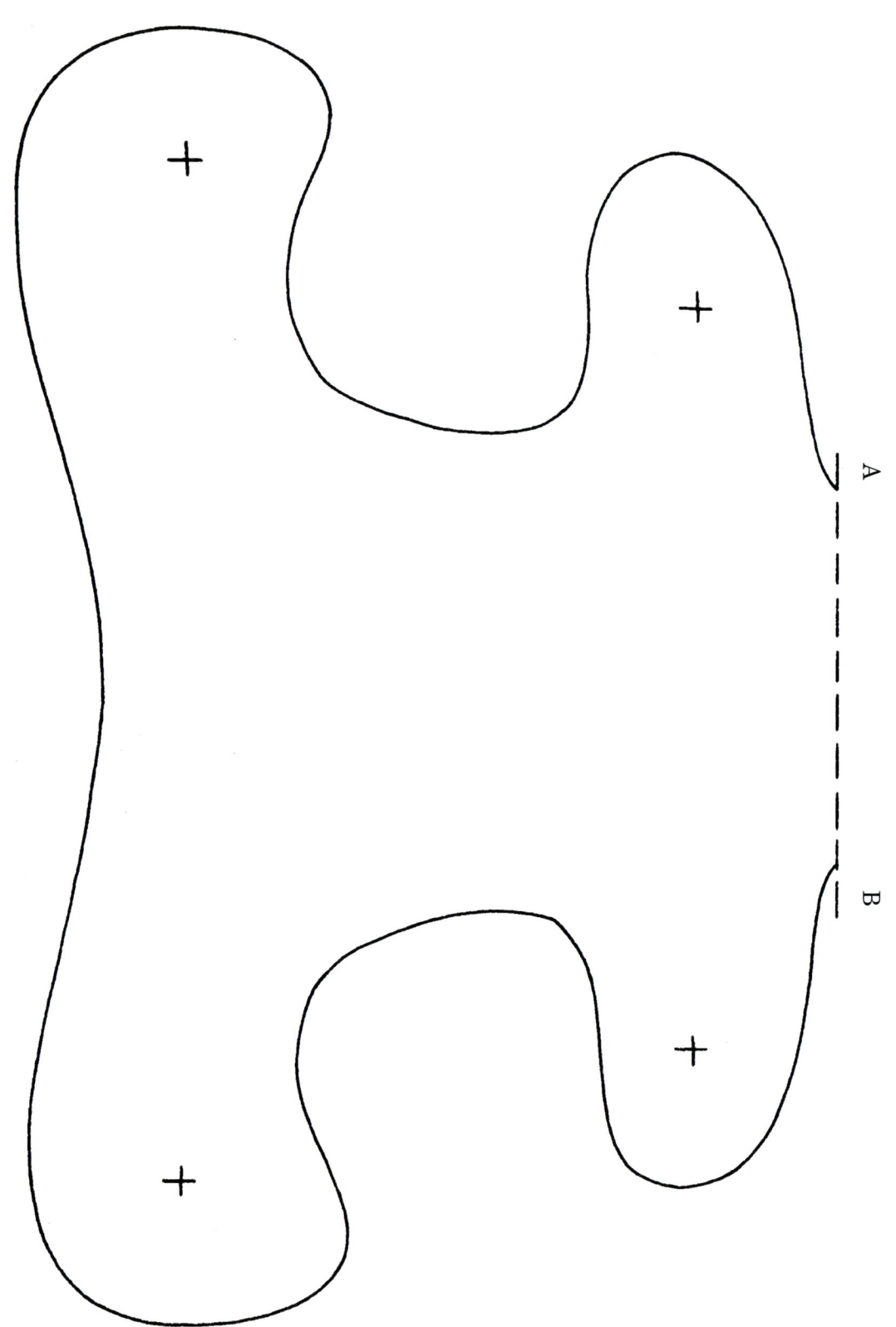

A

B

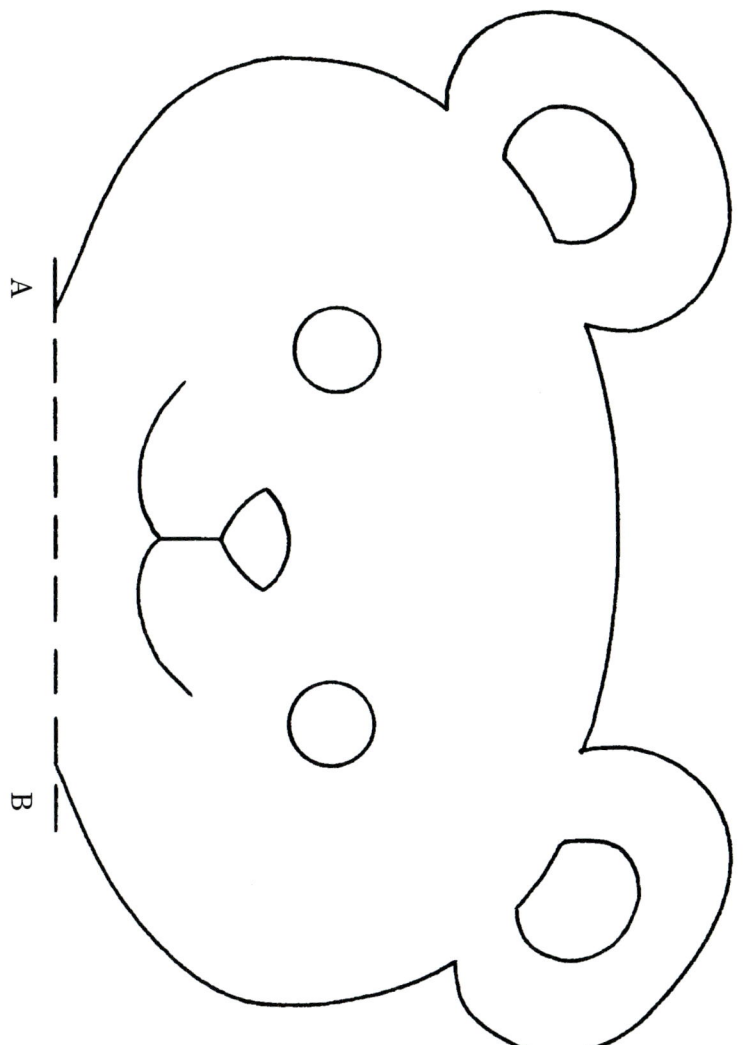

A

B

Welcome

A — — — B

A — — — B

A - - - - - - B

Häschen

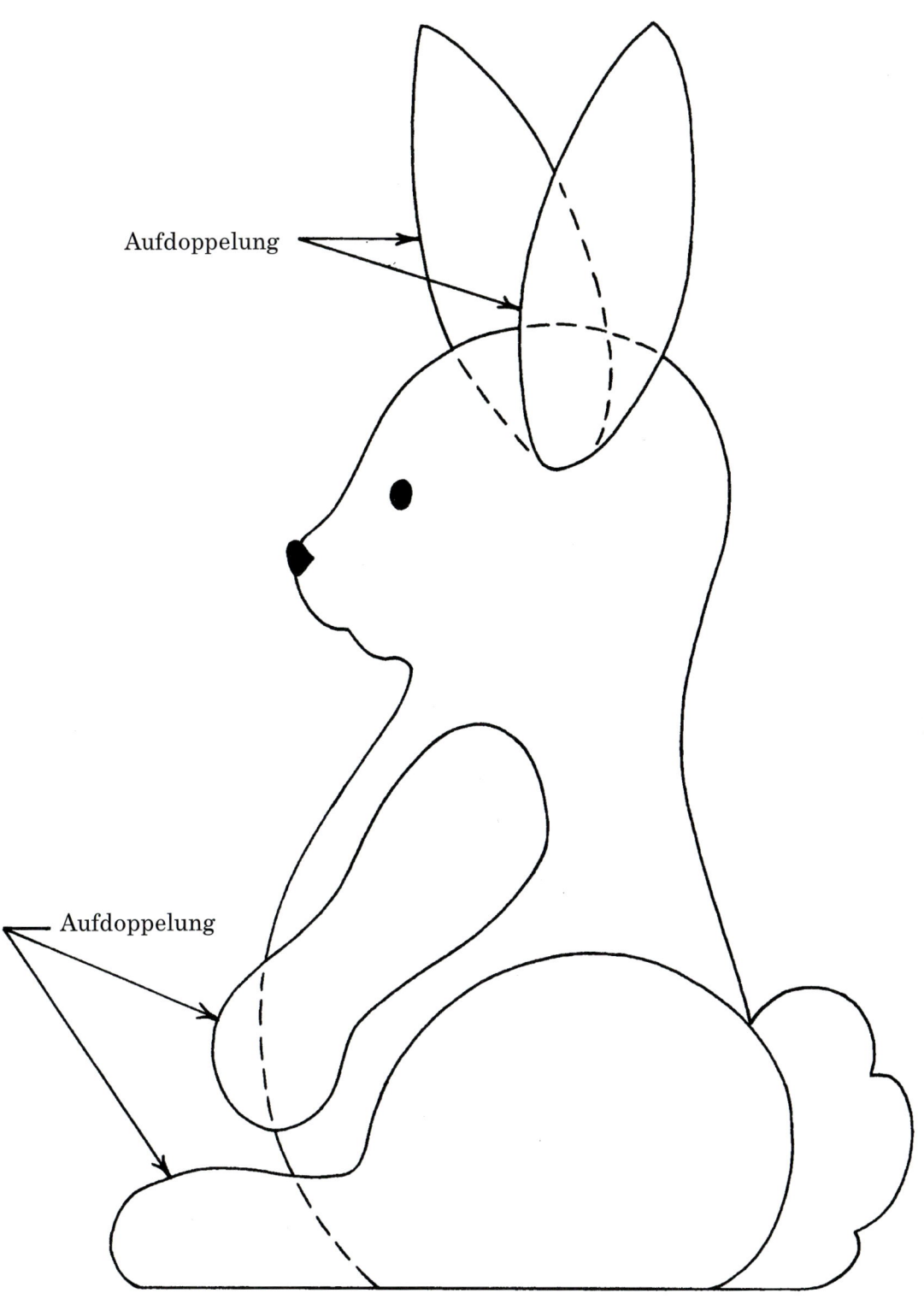

Aufdoppelung

Aufdoppelung

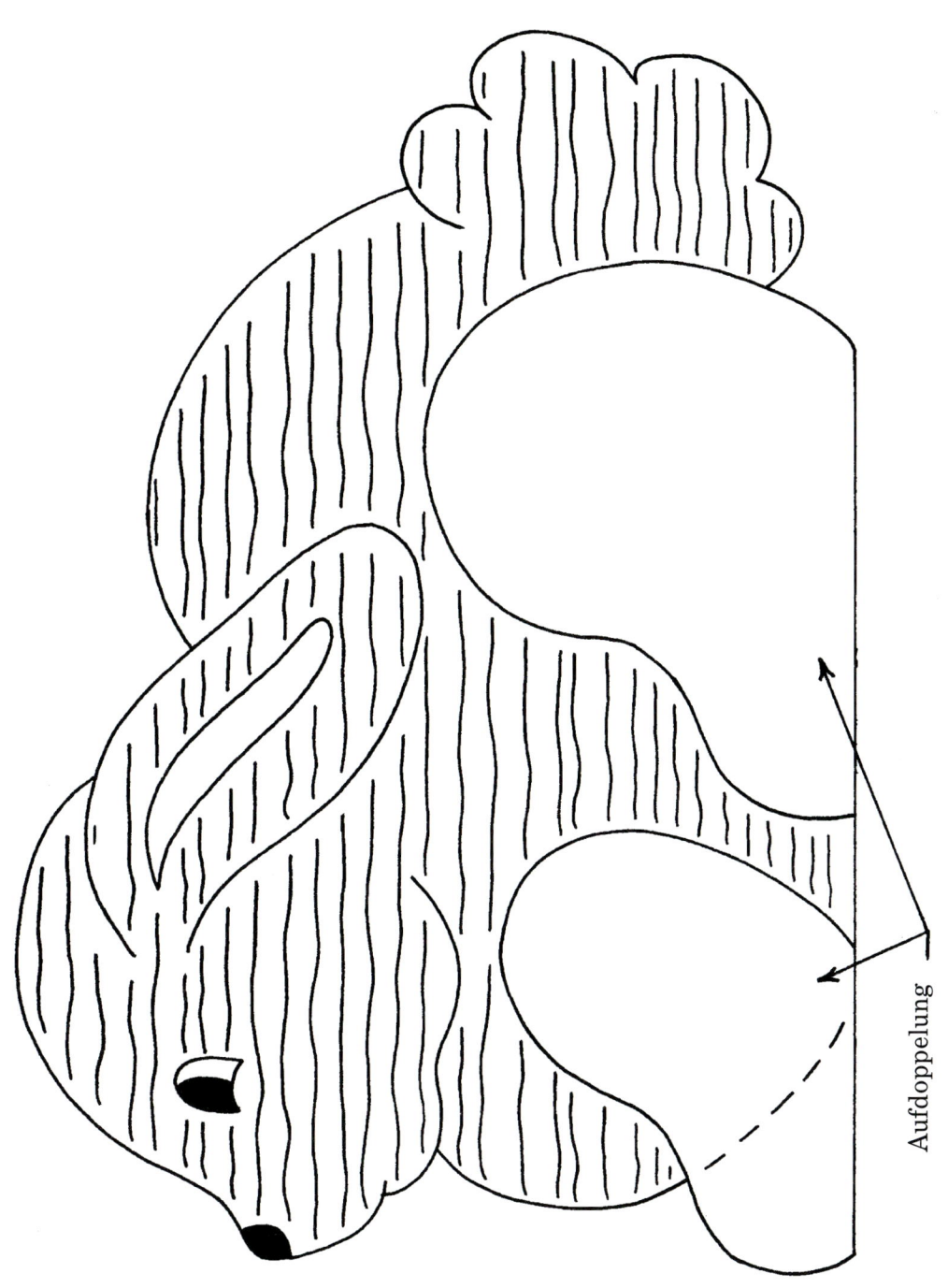

Aufdoppelung

Vögel, Schmetterlinge und Hähnchen

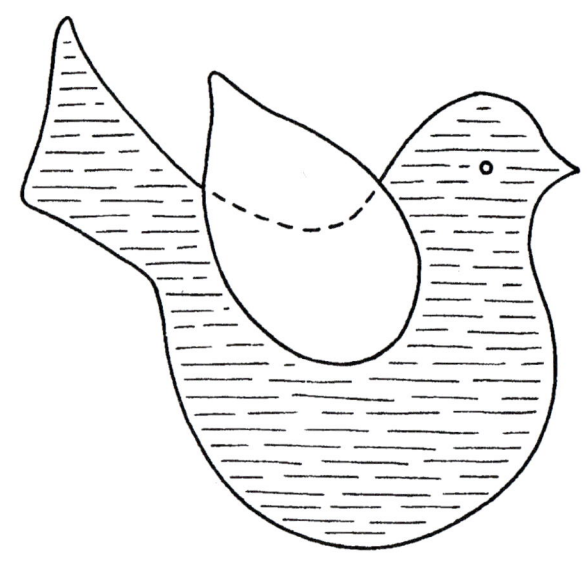

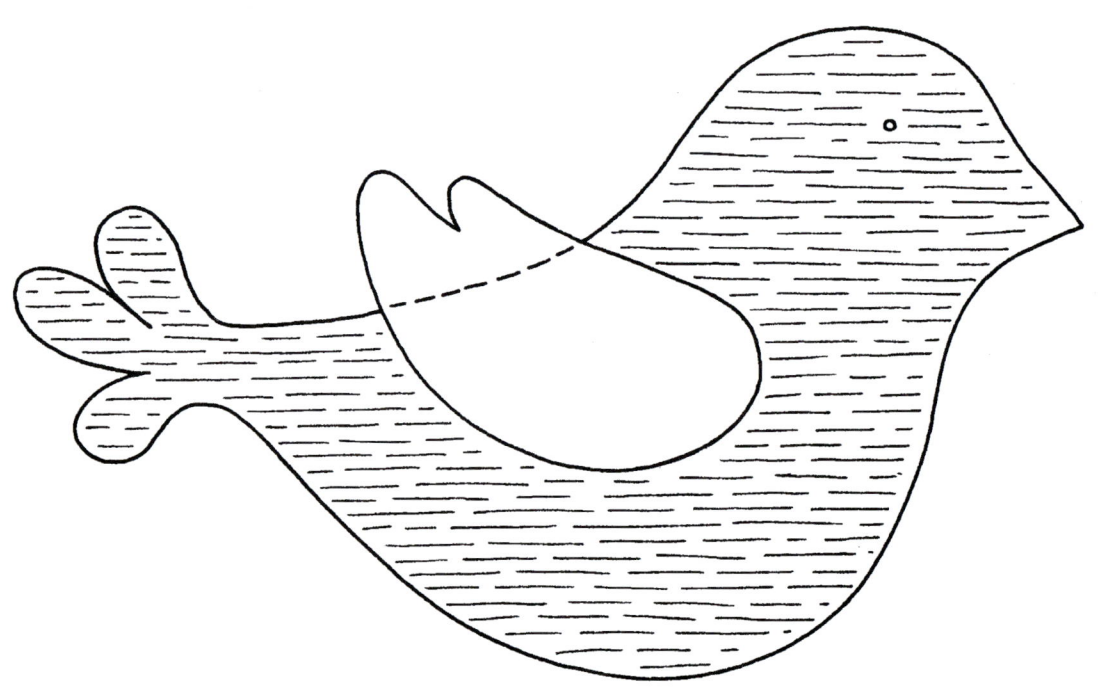

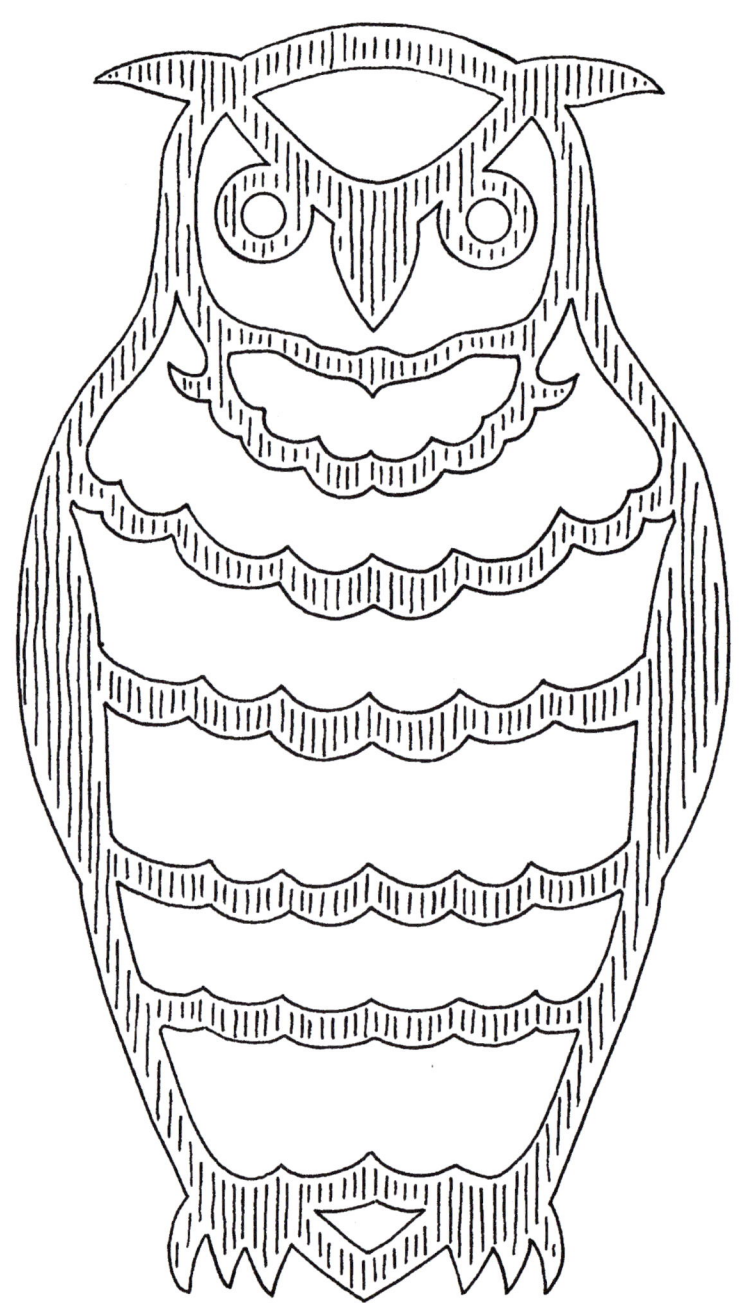

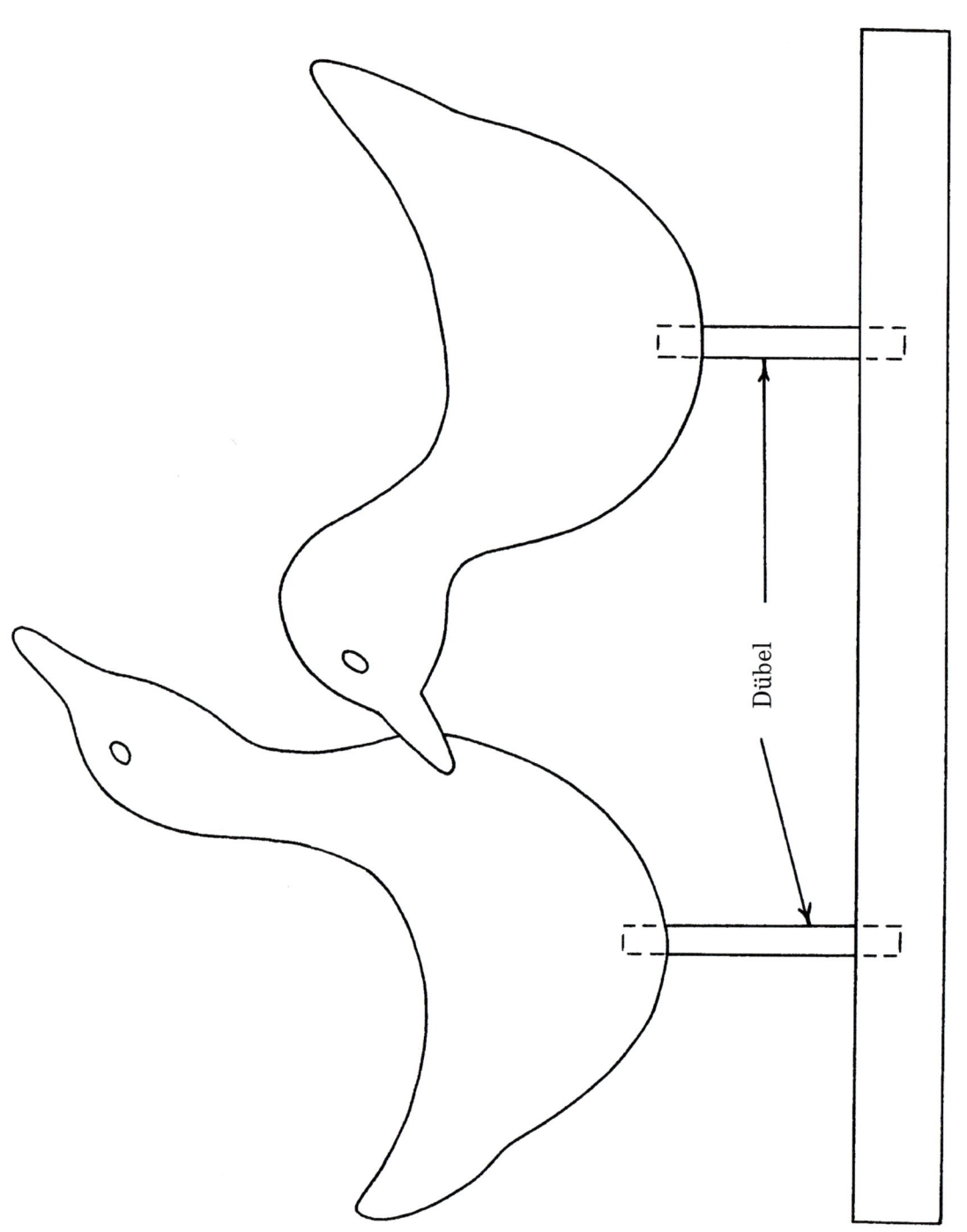

Dübel

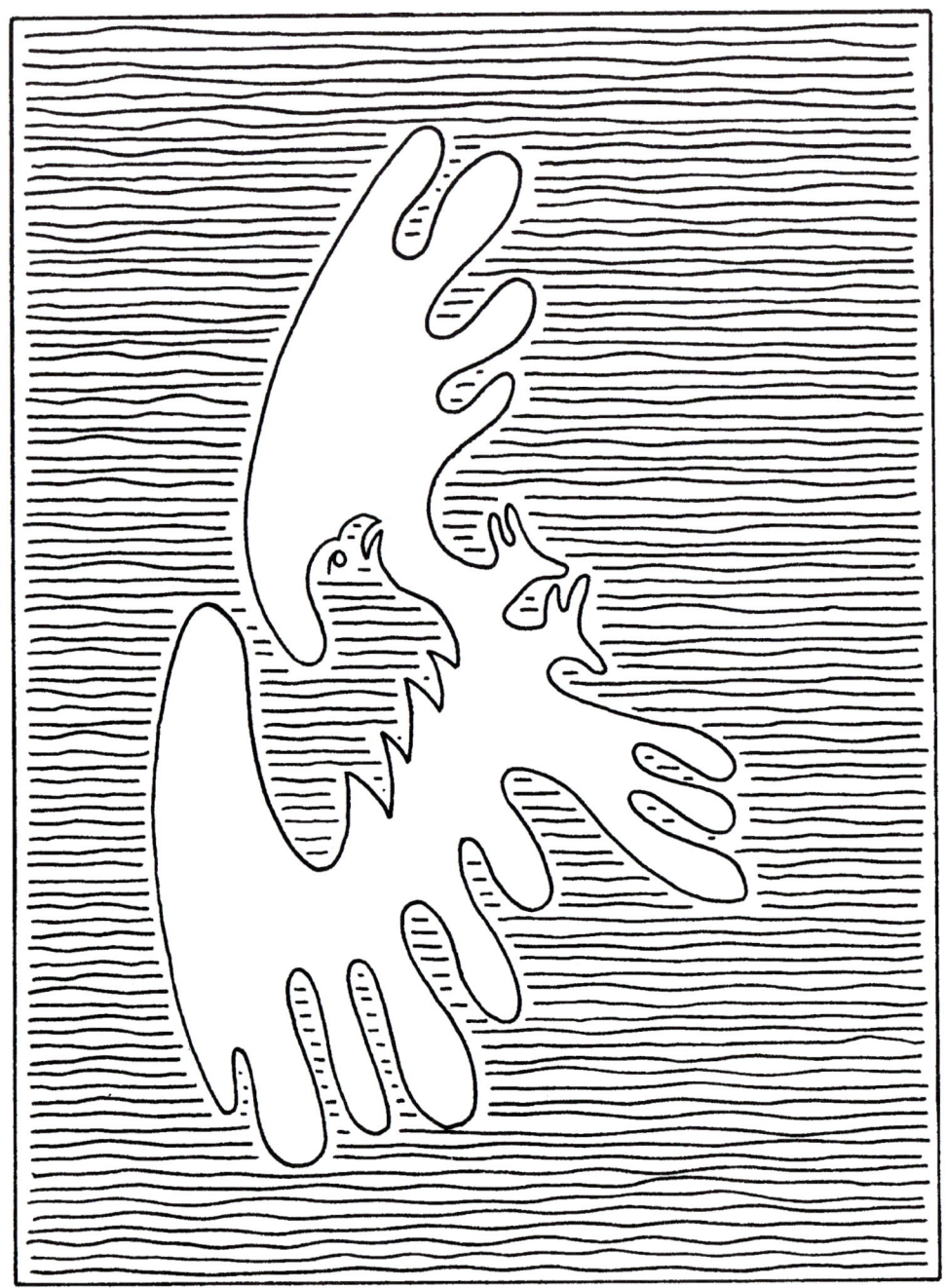

74

Aufdoppelung

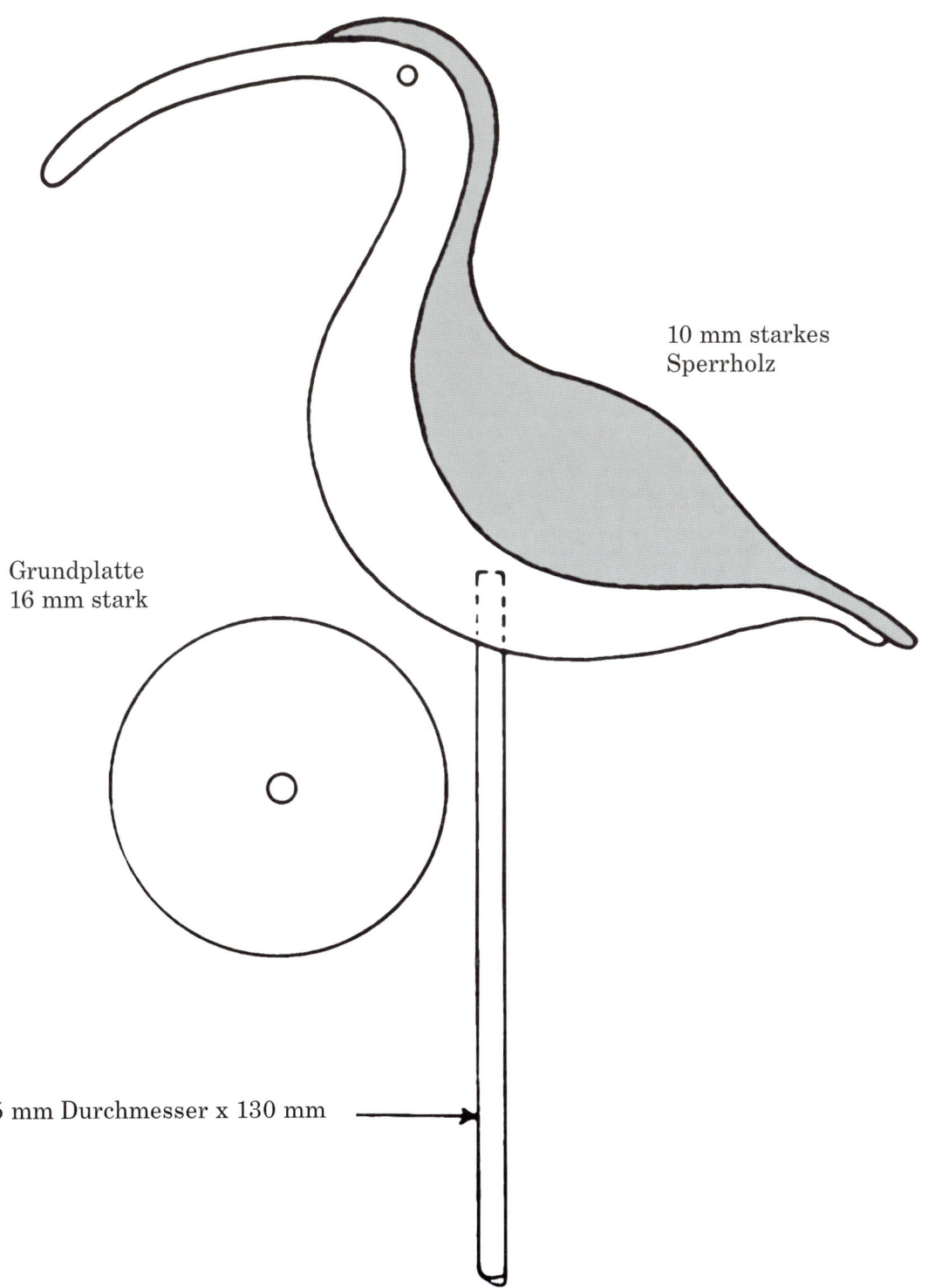

10 mm starkes
Sperrholz

Grundplatte
16 mm stark

5 mm Durchmesser x 130 mm

Gänse, Schwäne und Enten

Schleifen oder Bänder beleben ansonsten schlichte Figuren.

Watvogel aus 12 mm starkem baltischem Birkensperrholz. Die Ente besteht aus 38 mm starkem massiven Nadelholz. Nach der Stückelung wurden die Teile gerundet, gebeizt und wieder verleimt (siehe auch die Farbabbildung auf der hinteren Umschlagseite innen).

Als Durchbruch ausgesägtes Motiv aus 19 mm starker Butternuß (Juglans cinerea), abgerundet und so wieder eingefügt, daß es 6 mm als Relief vorsteht.

Die gleiche Einlage mit Textil überzogen.

Die Rückansicht läßt den Streifen Schmelzkleber am Umfang des Motivs erkennen.

Mit einem hinten angenagelten Keil ergibt sich ein Türstopper (siehe die Seiten 98 und 99; siehe auch die Farbabbildung auf der Umschlagseite hinten).

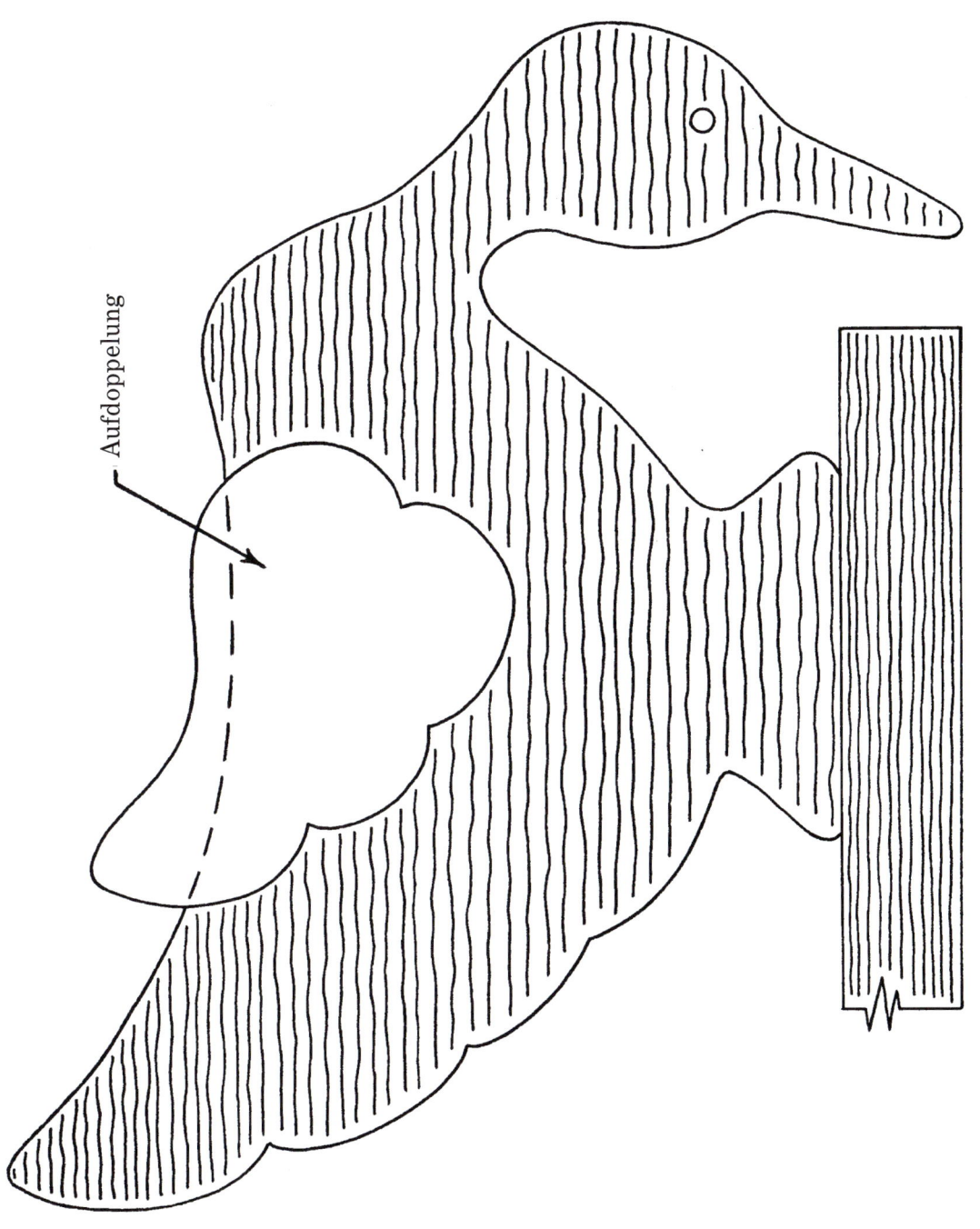

Aufdoppelung

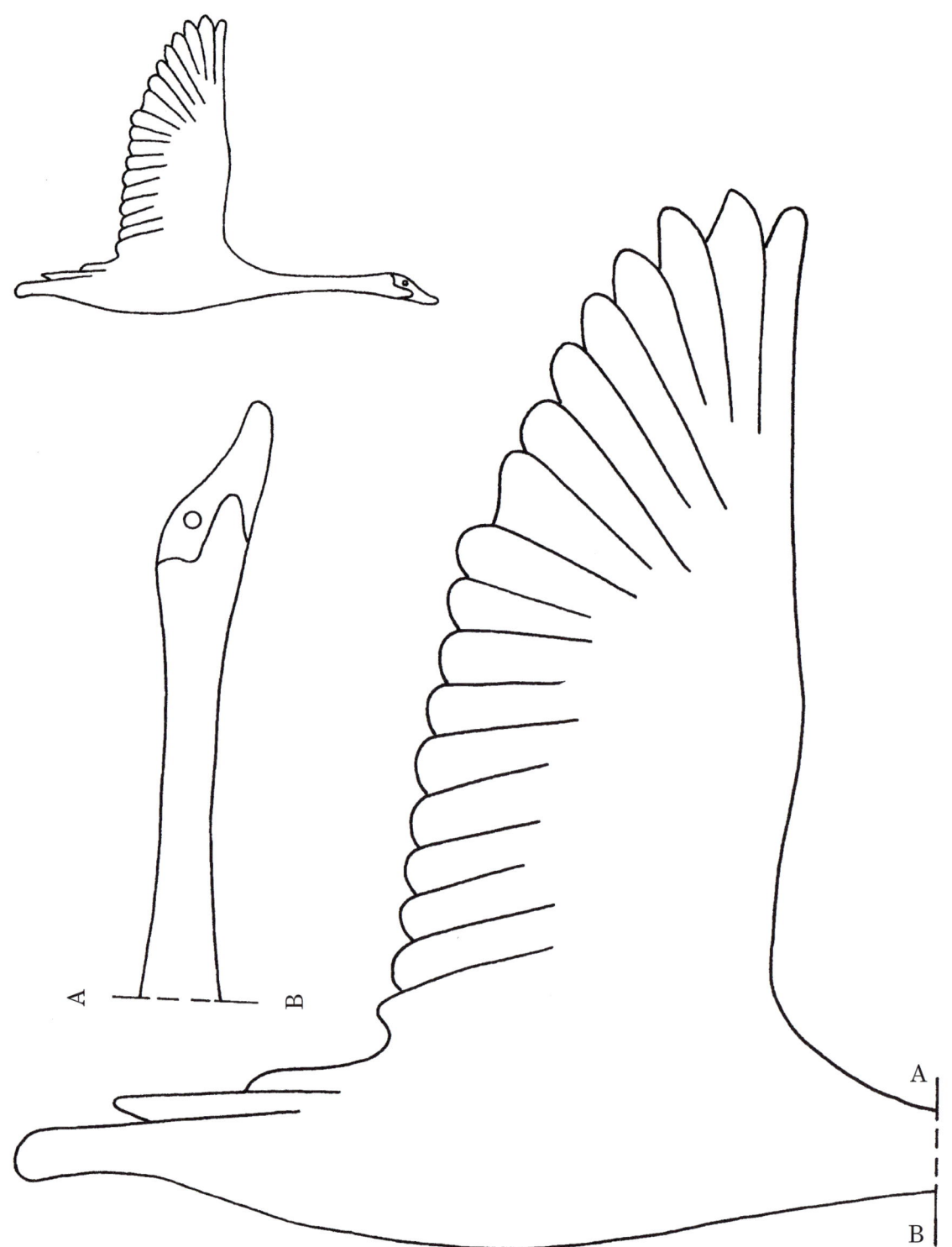

A

B

A

B

84

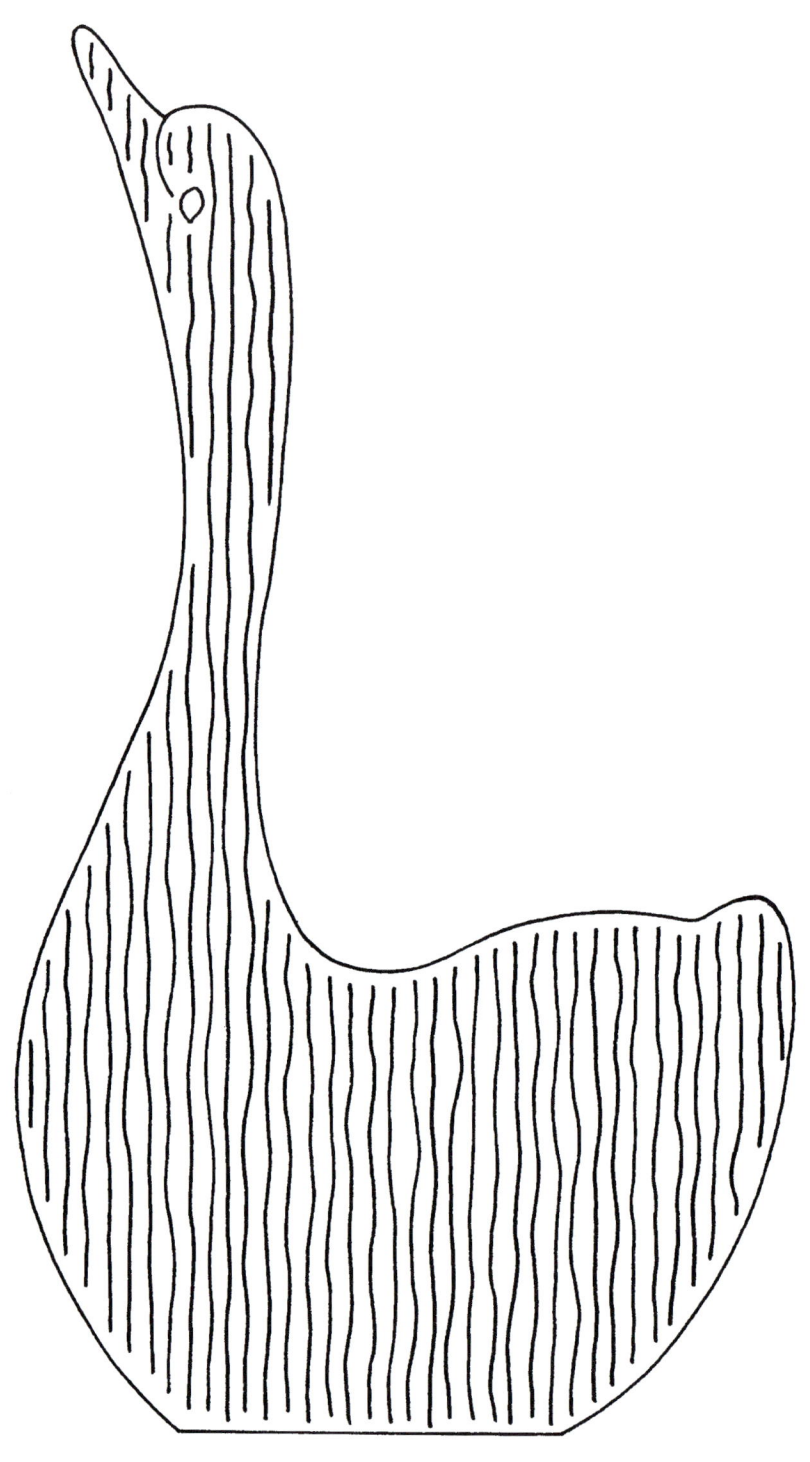

89

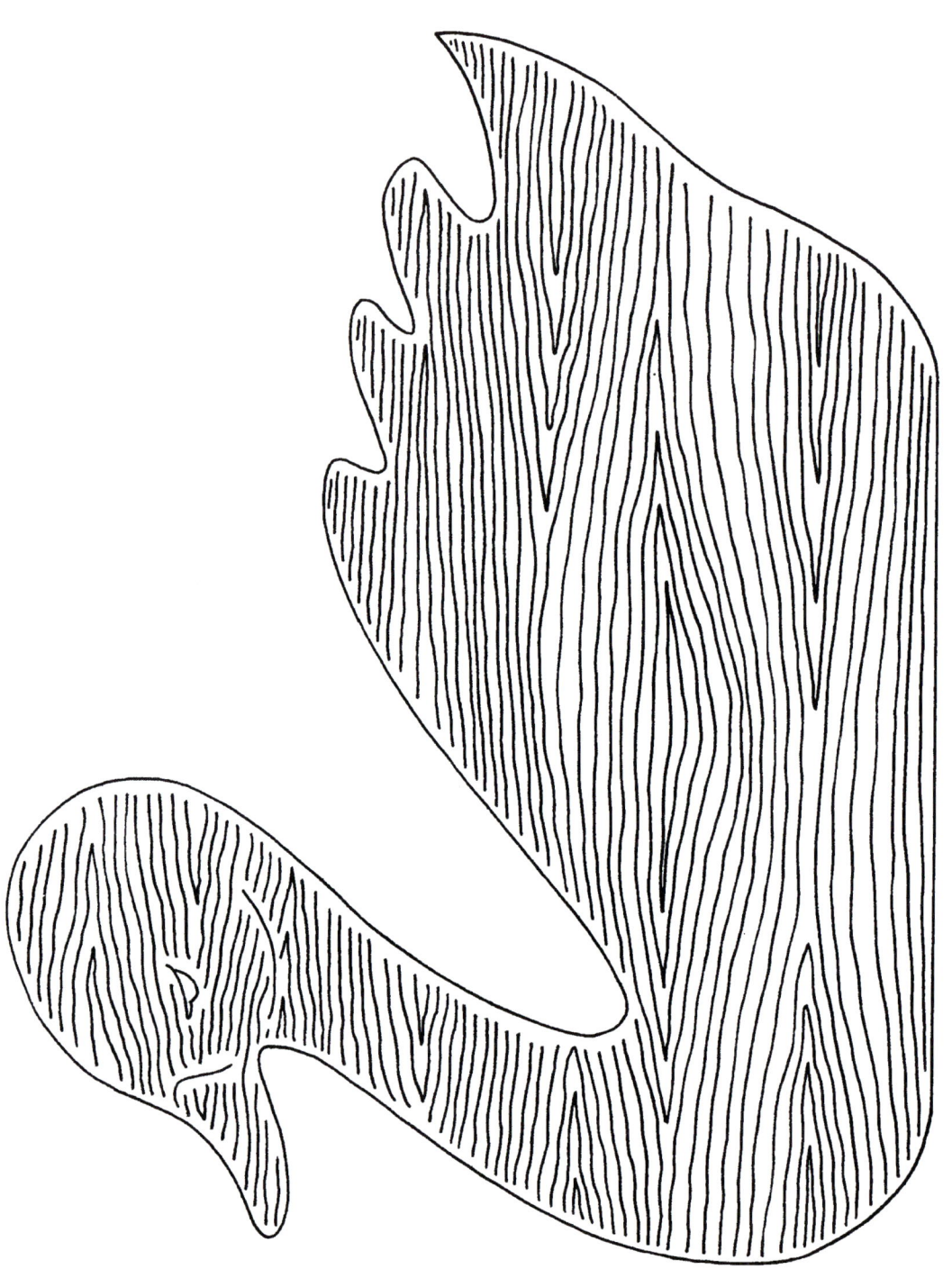

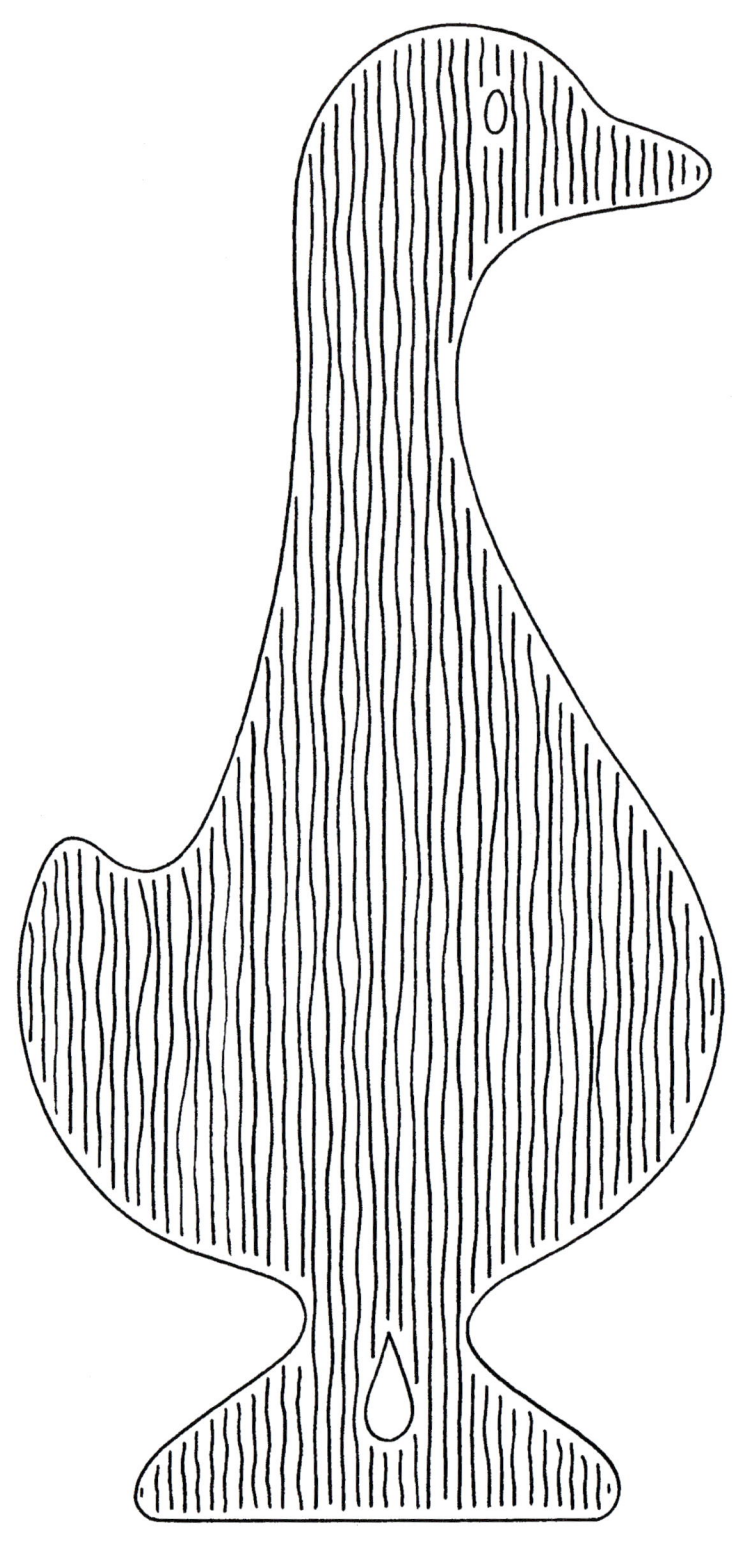

92

Aufdoppelung

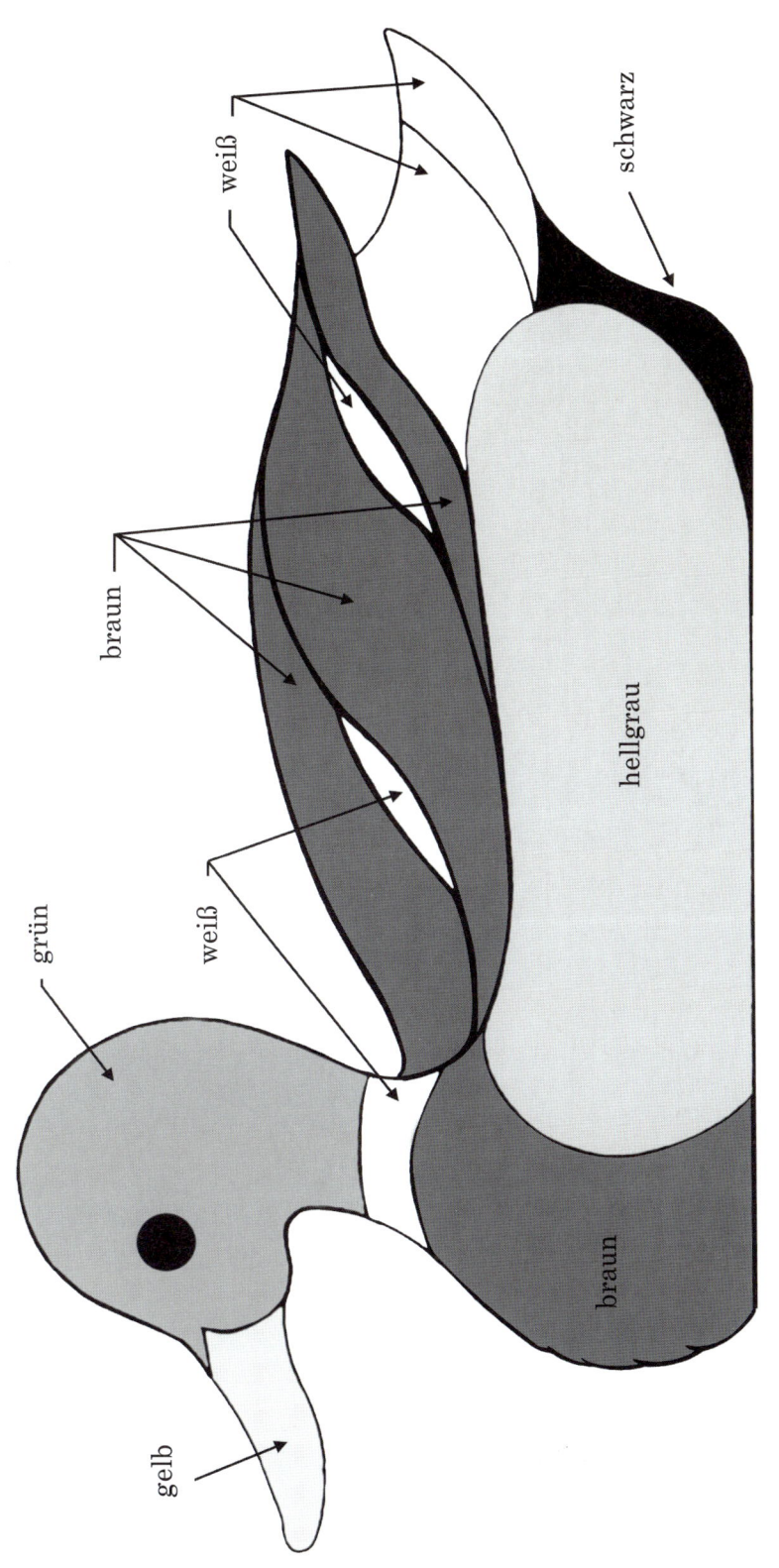

weiß

schwarz

braun

hellgrau

grün

weiß

braun

gelb

A

B

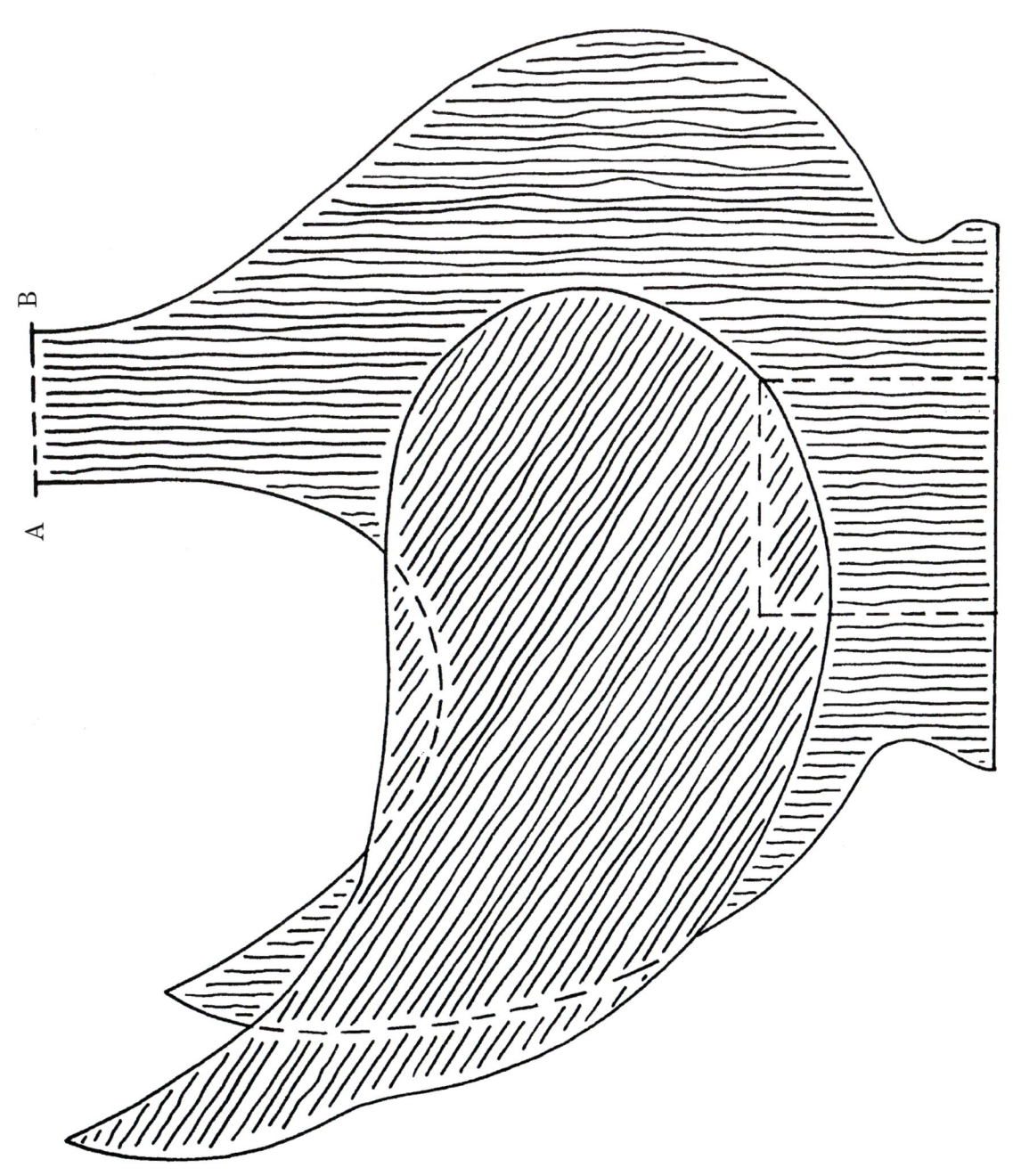

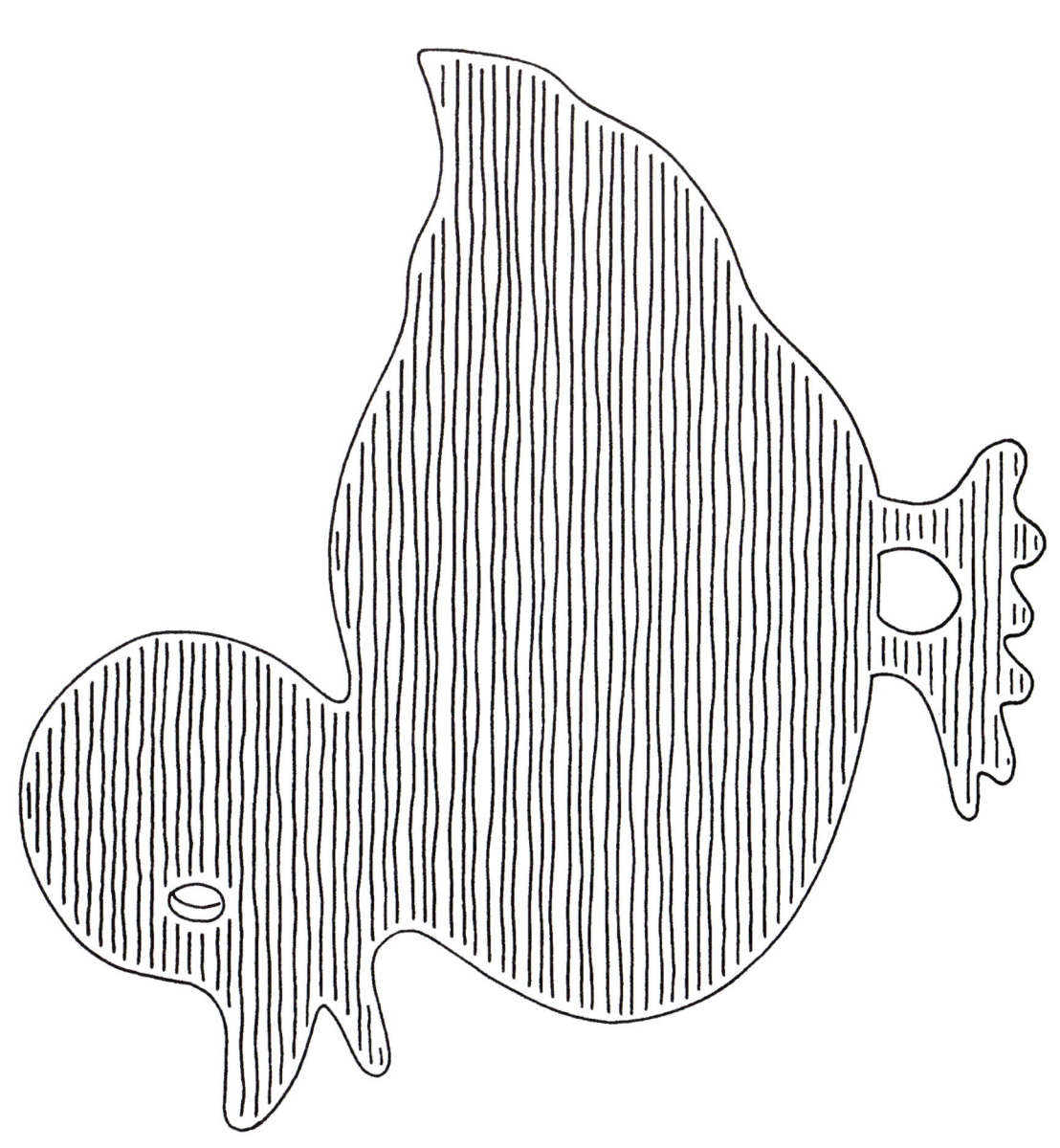

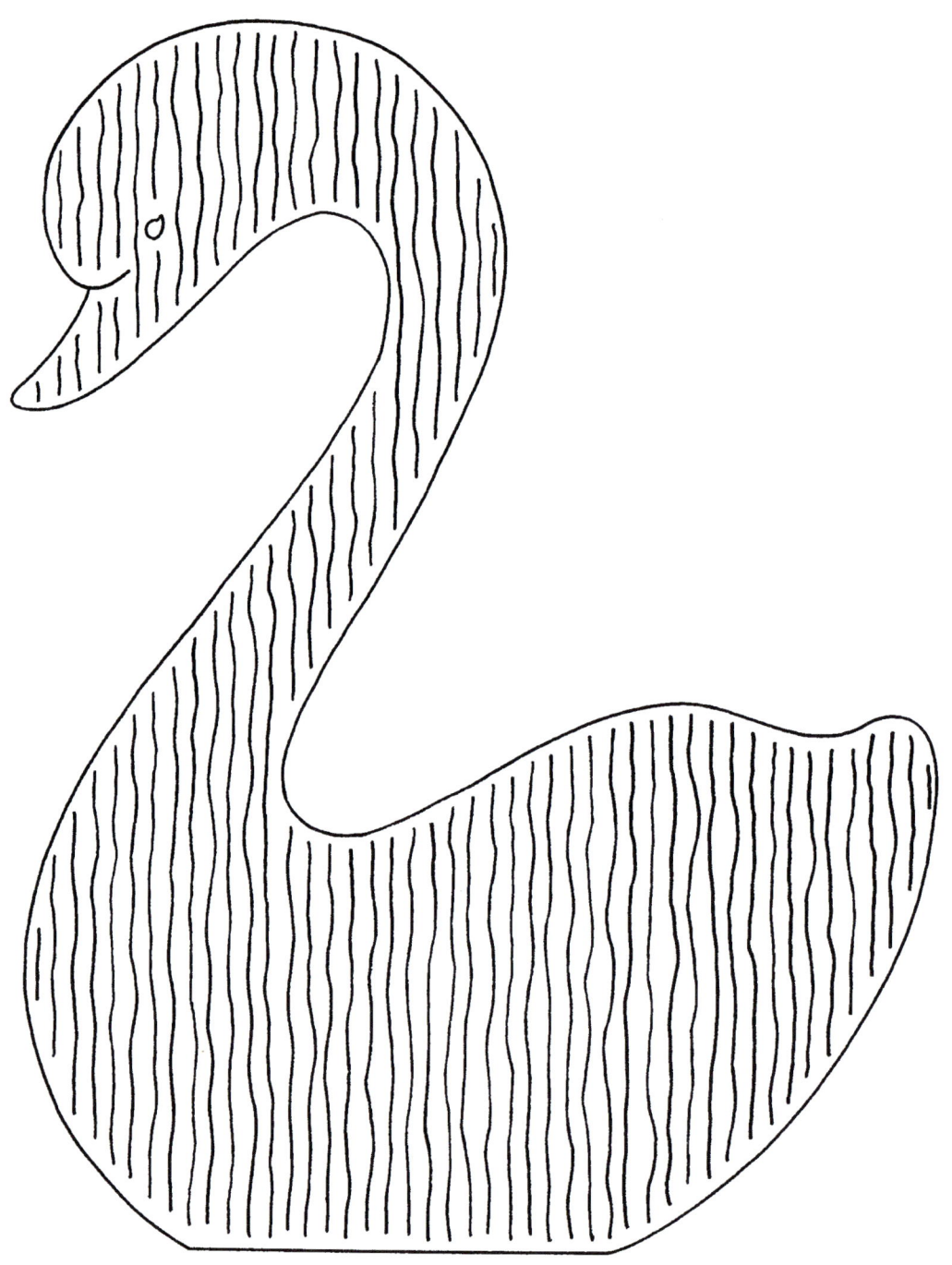

Herzmotive

A  B

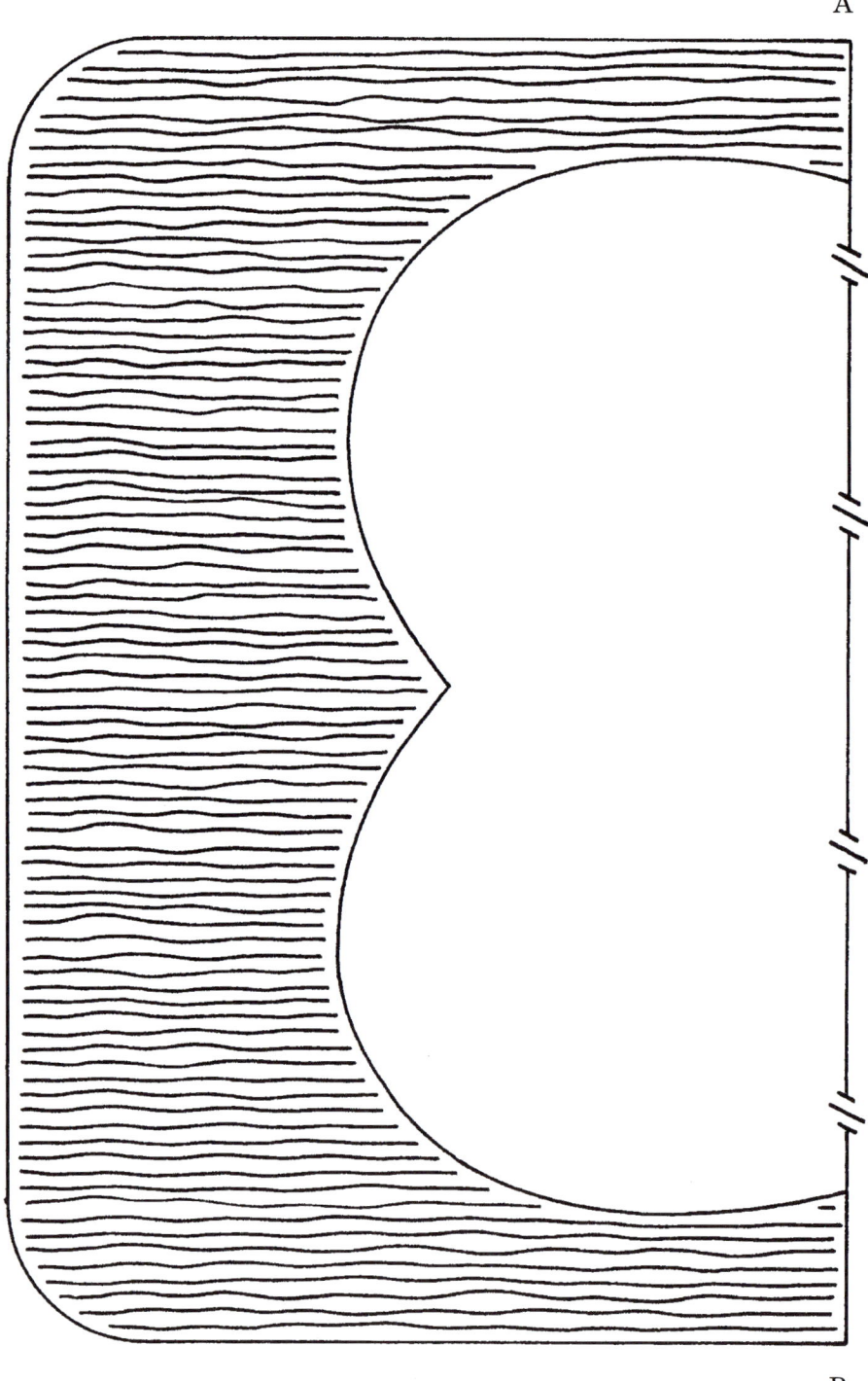

A

B

A

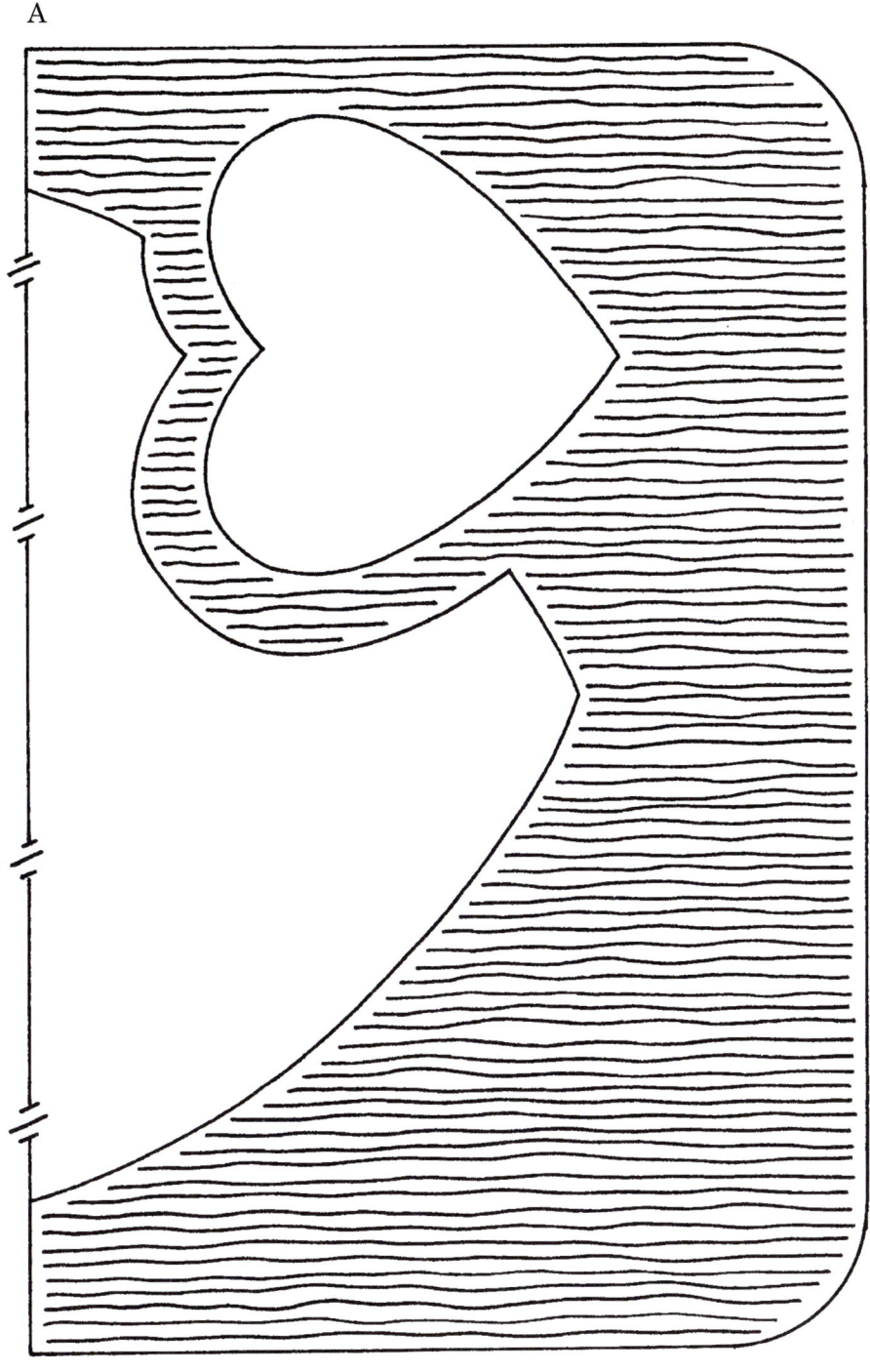

B

107

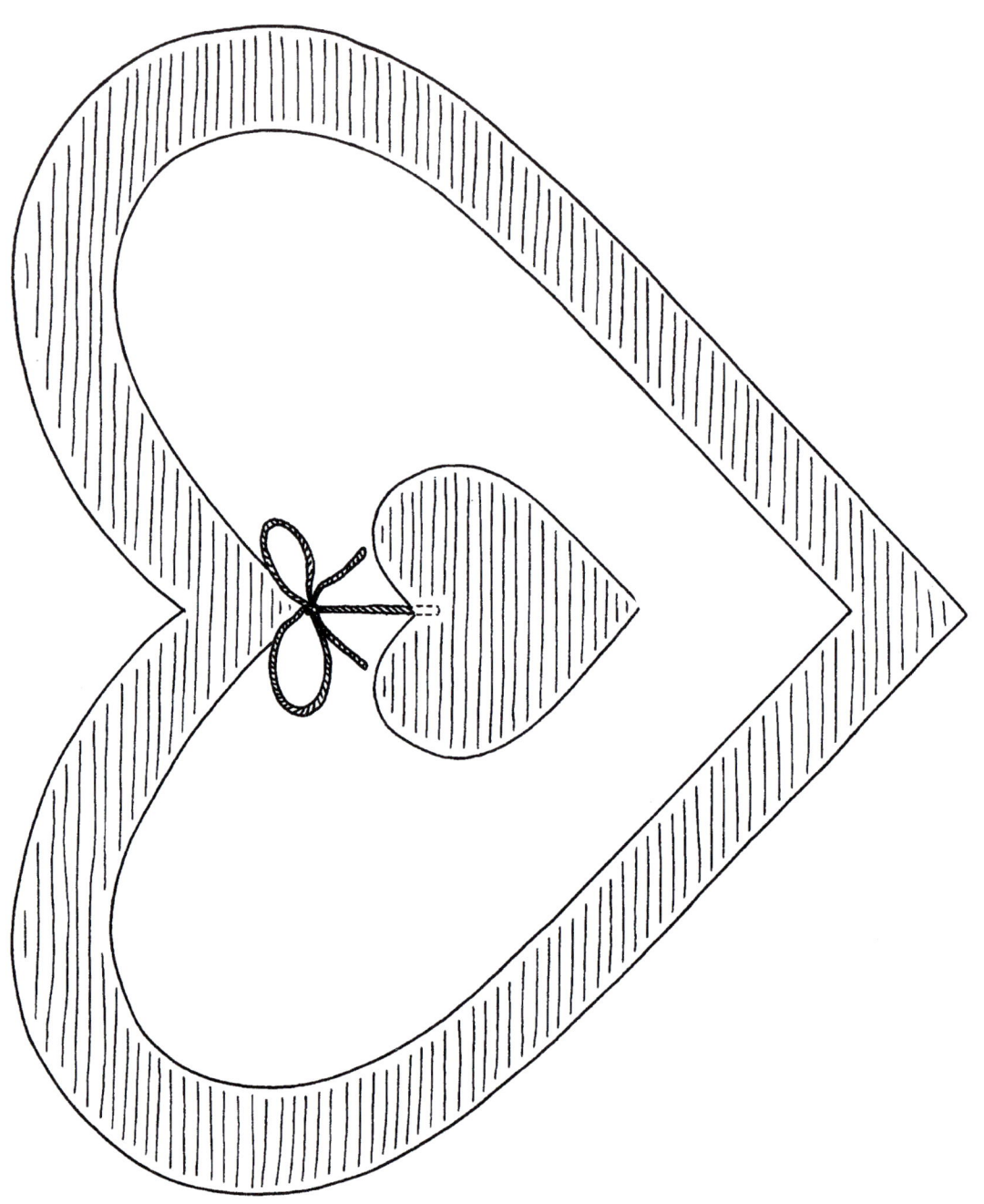

Verschiedene Formen

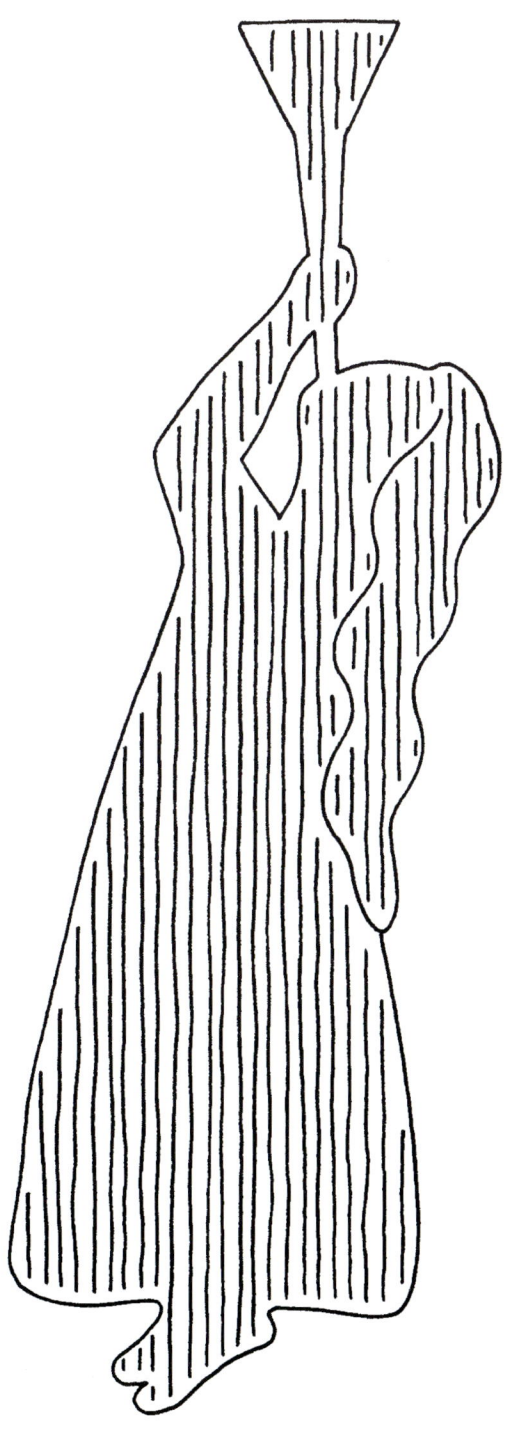

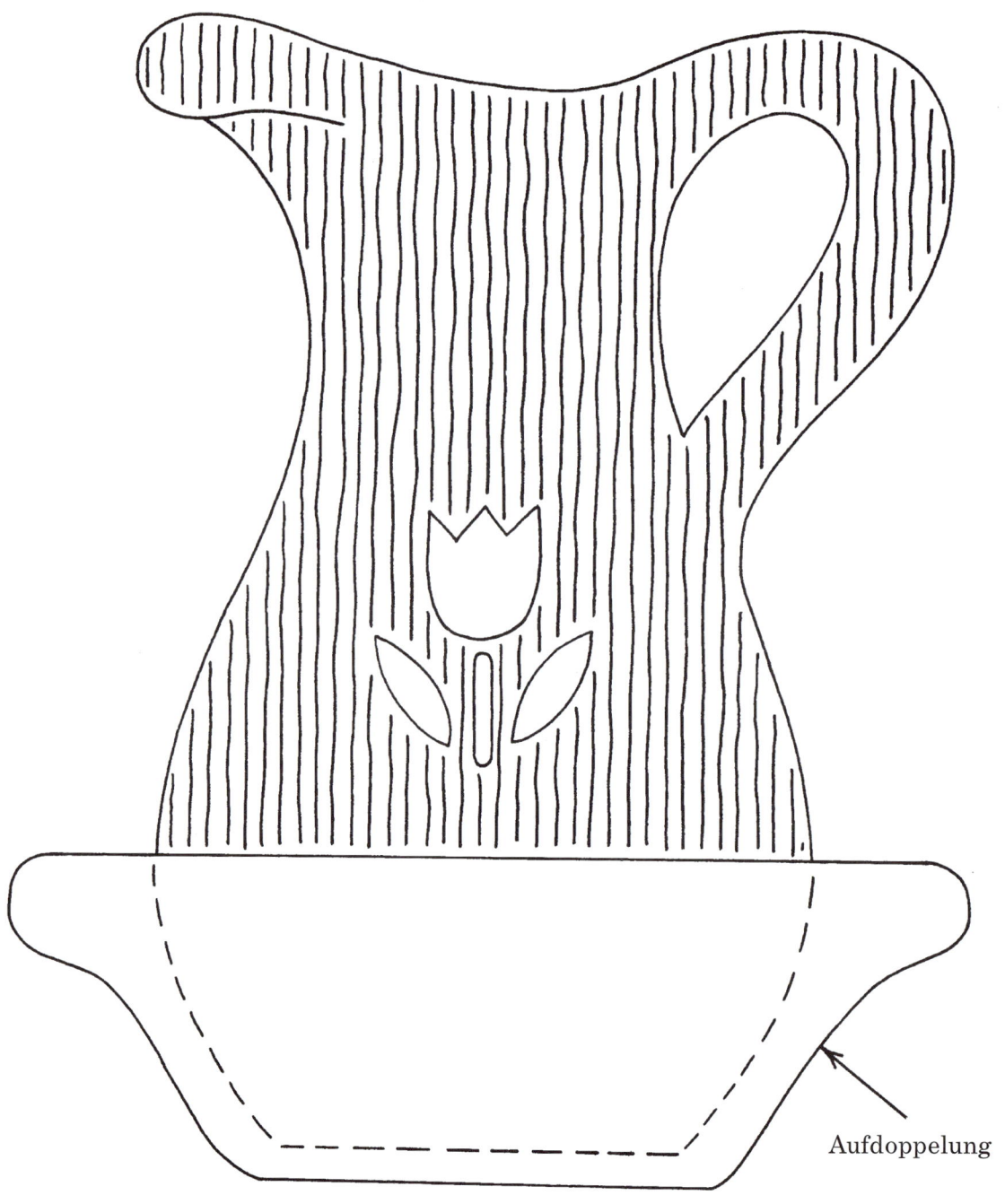

Aufdoppelung

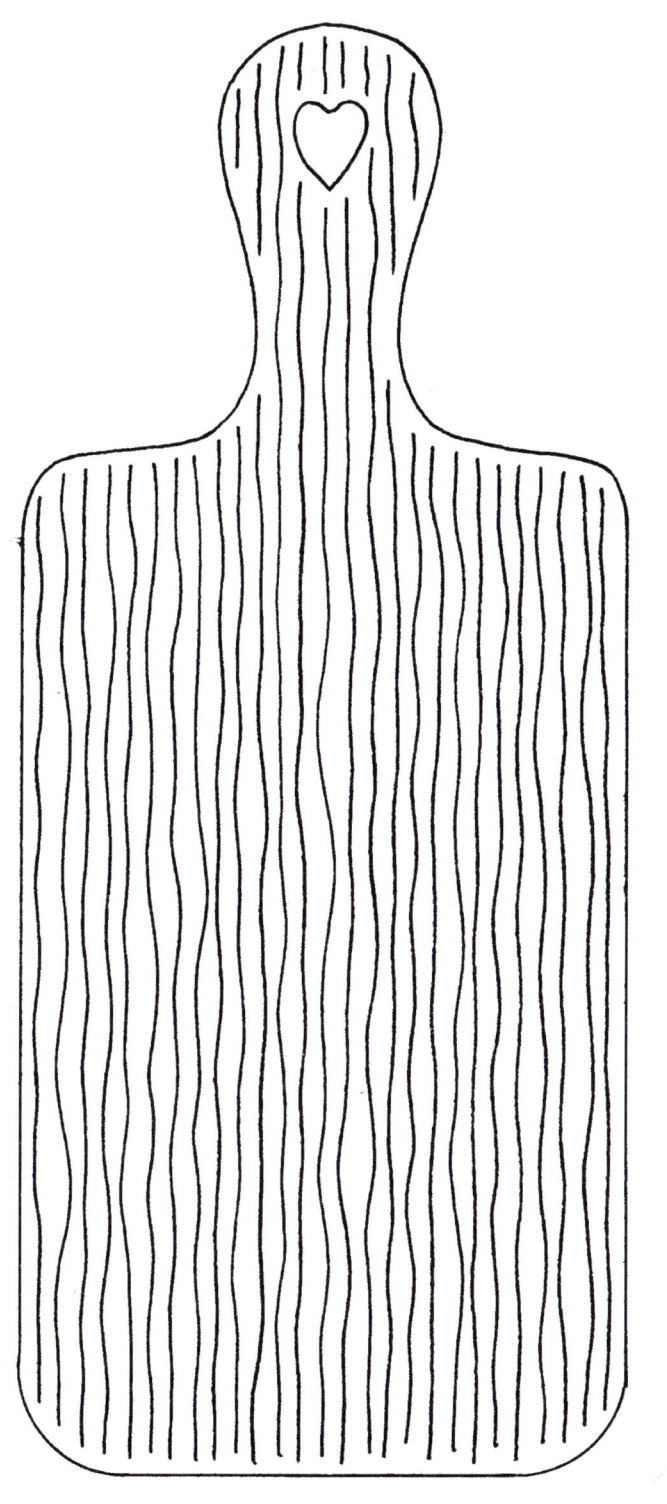

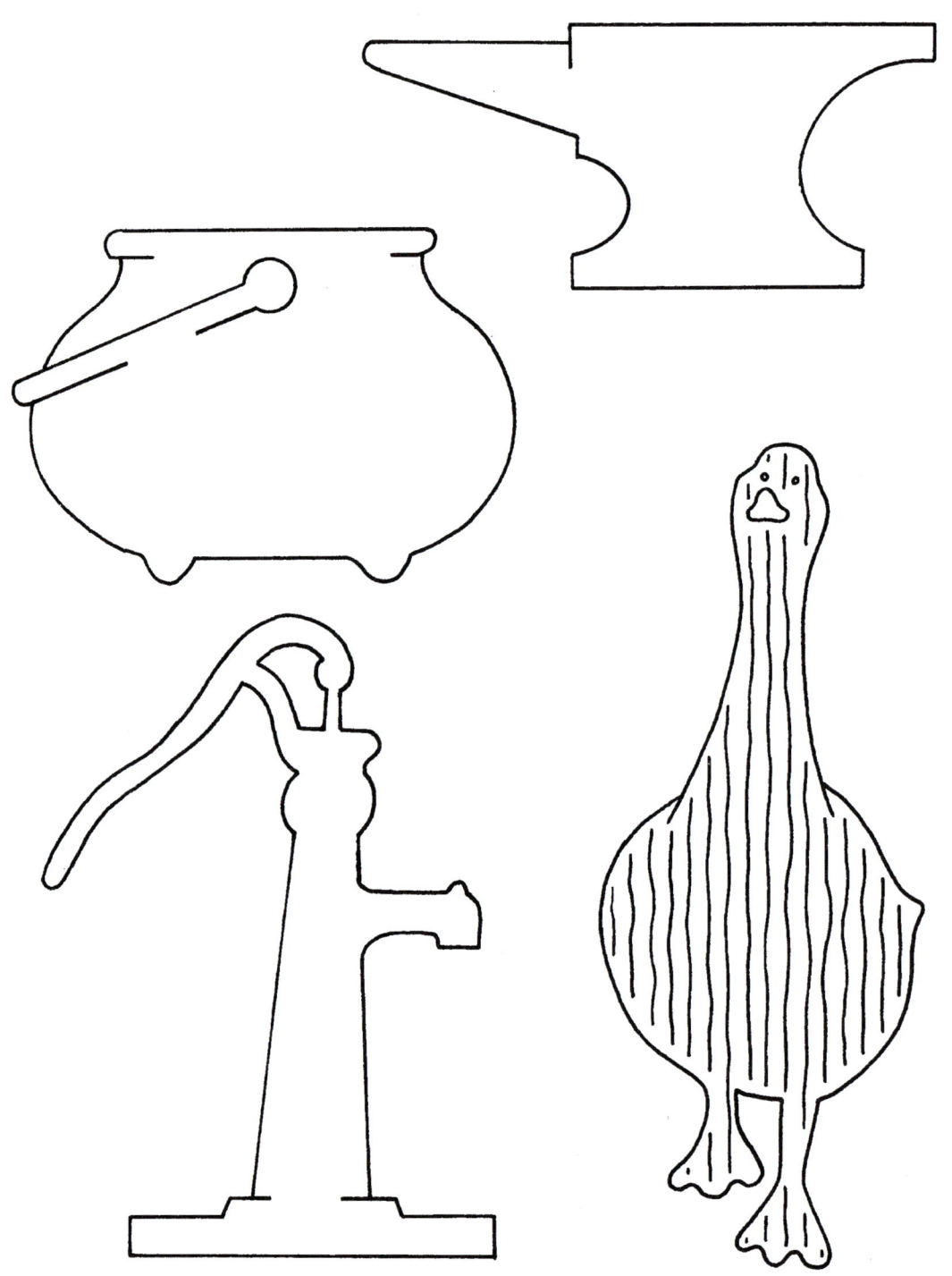

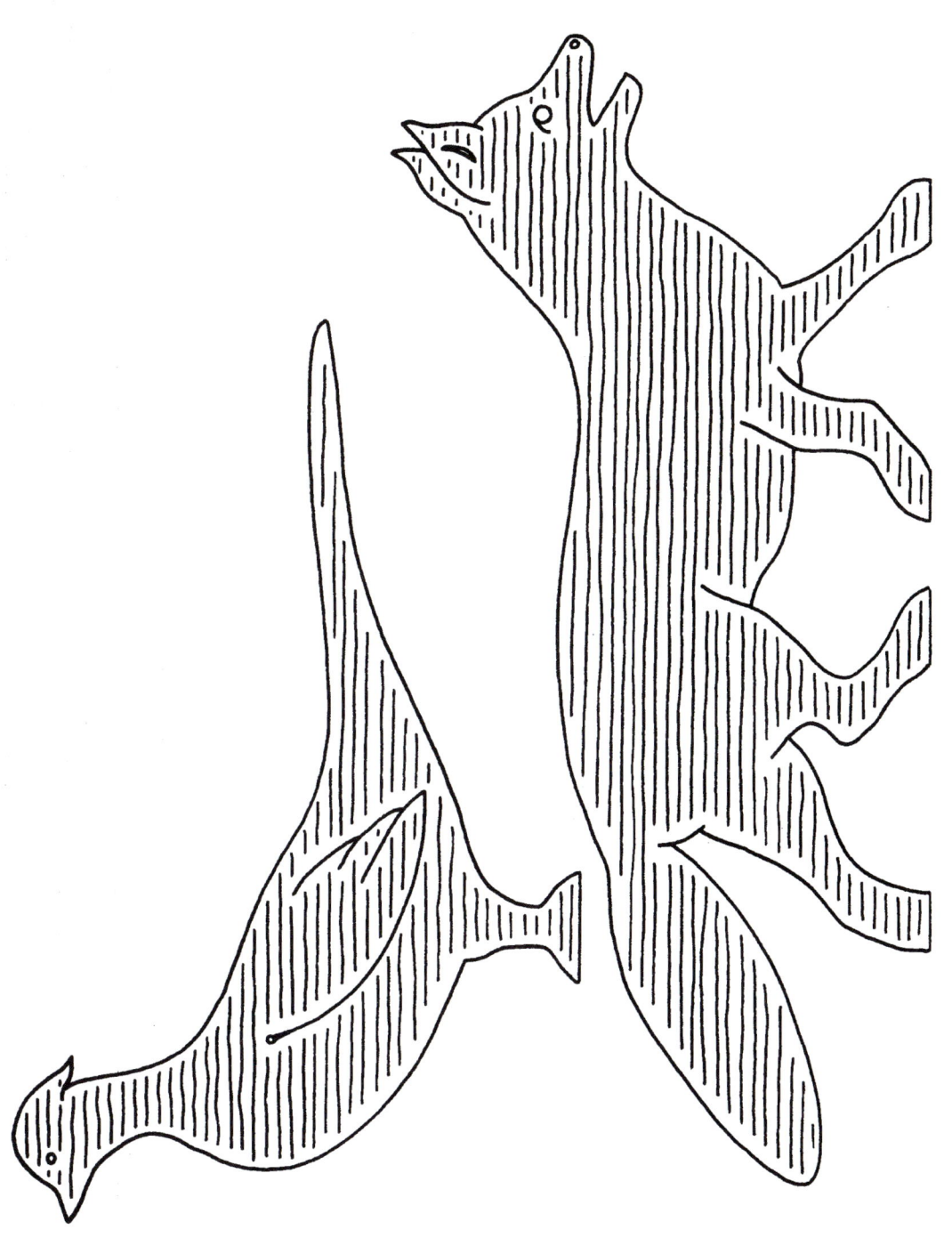

Tierpyramiden

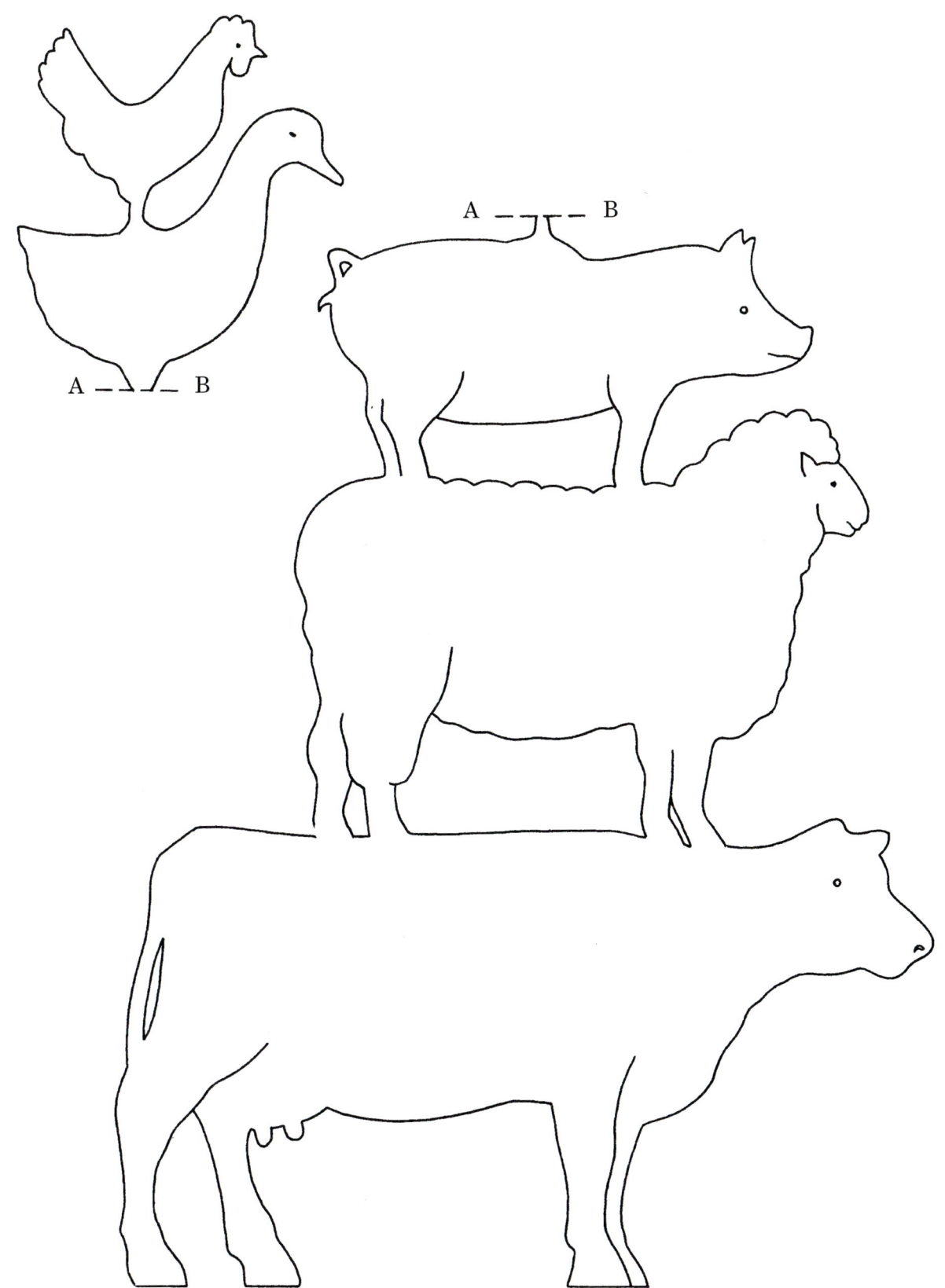

A – – – B

A – – – B

Kerzenhalter

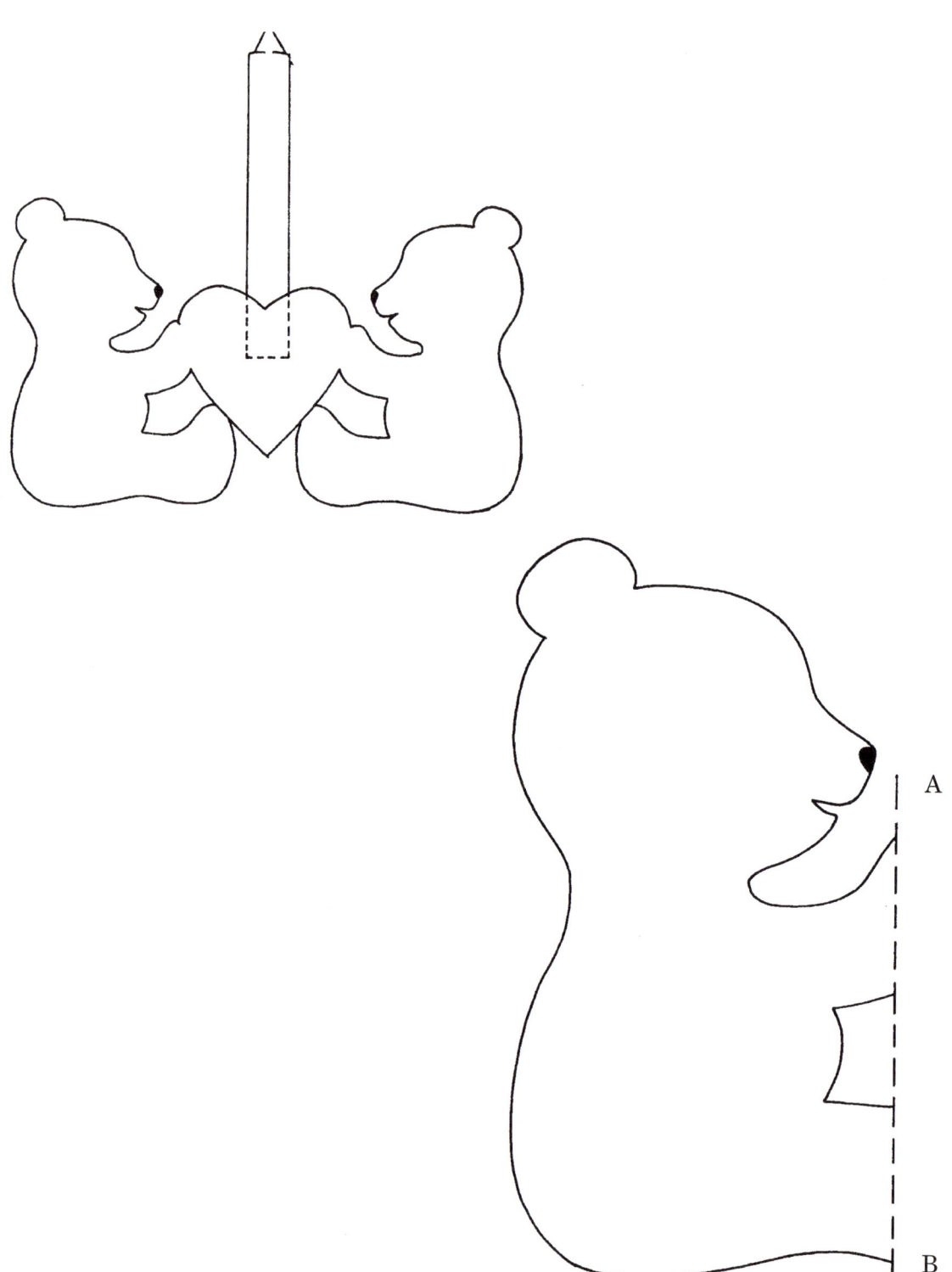

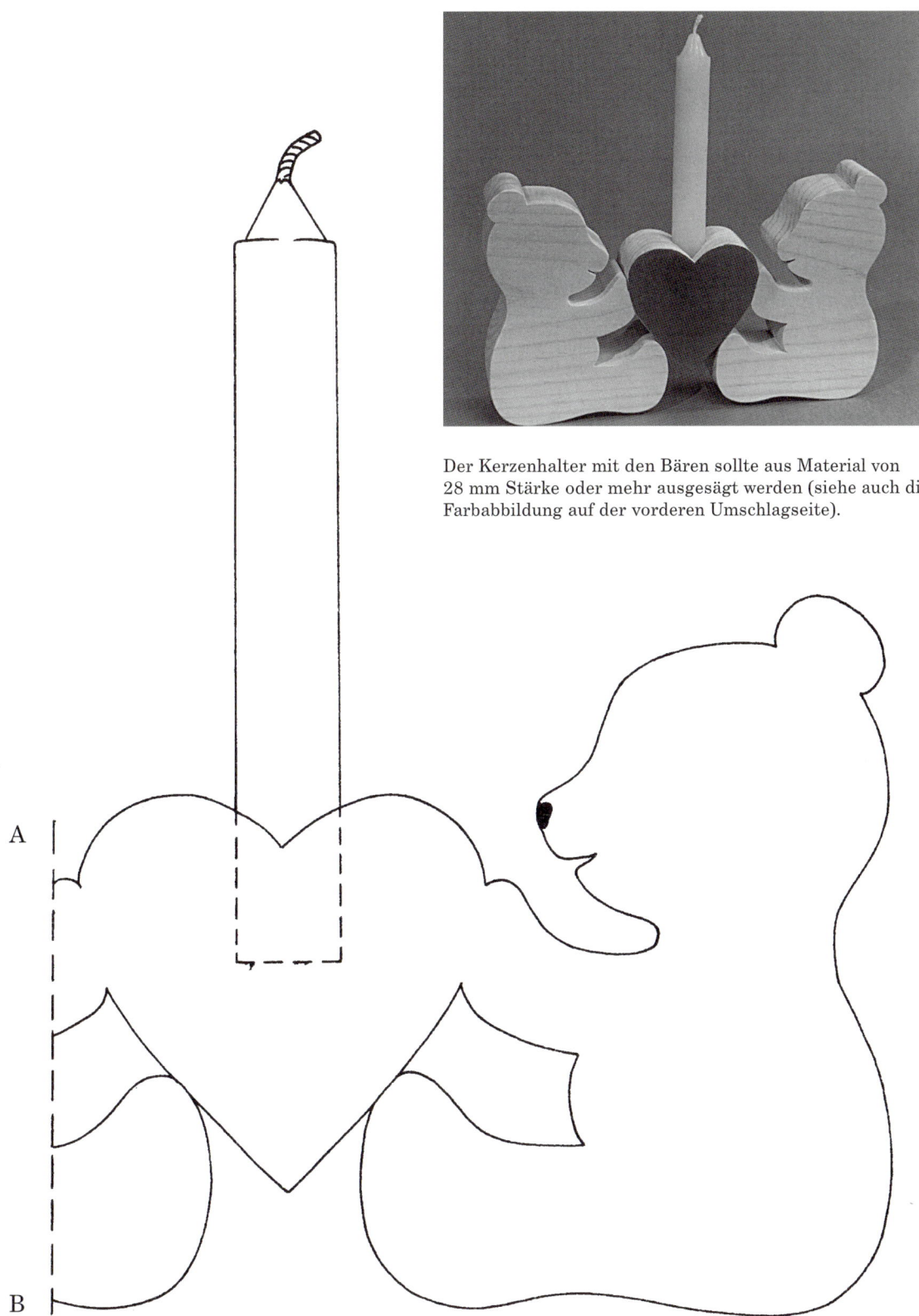

Der Kerzenhalter mit den Bären sollte aus Material von 28 mm Stärke oder mehr ausgesägt werden (siehe auch die Farbabbildung auf der vorderen Umschlagseite).

A

B

121

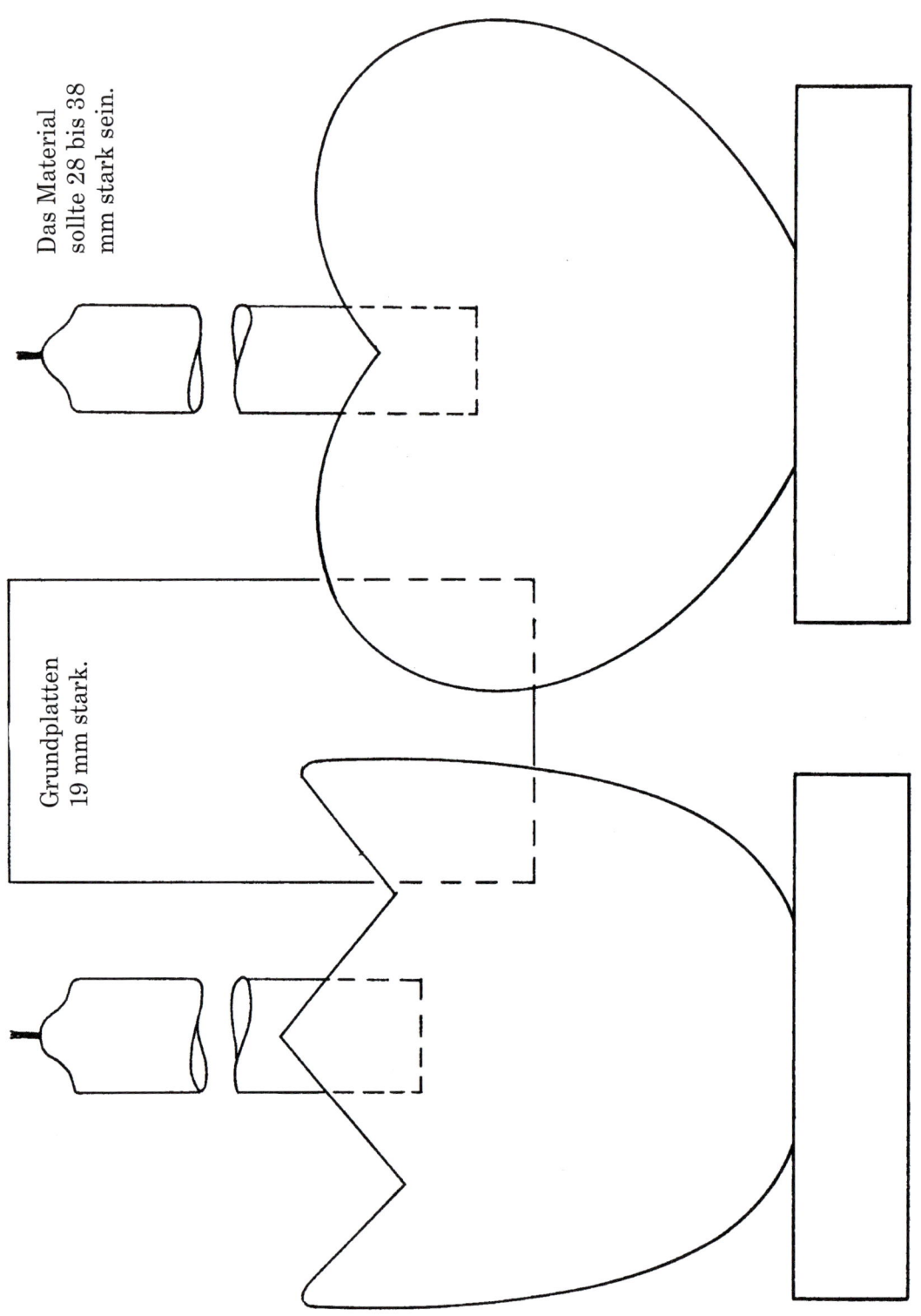

Das Material
sollte 28 bis 38
mm stark sein.

Grundplatten
19 mm stark.

Willkommen-Schilder

Papierrollen-Halter

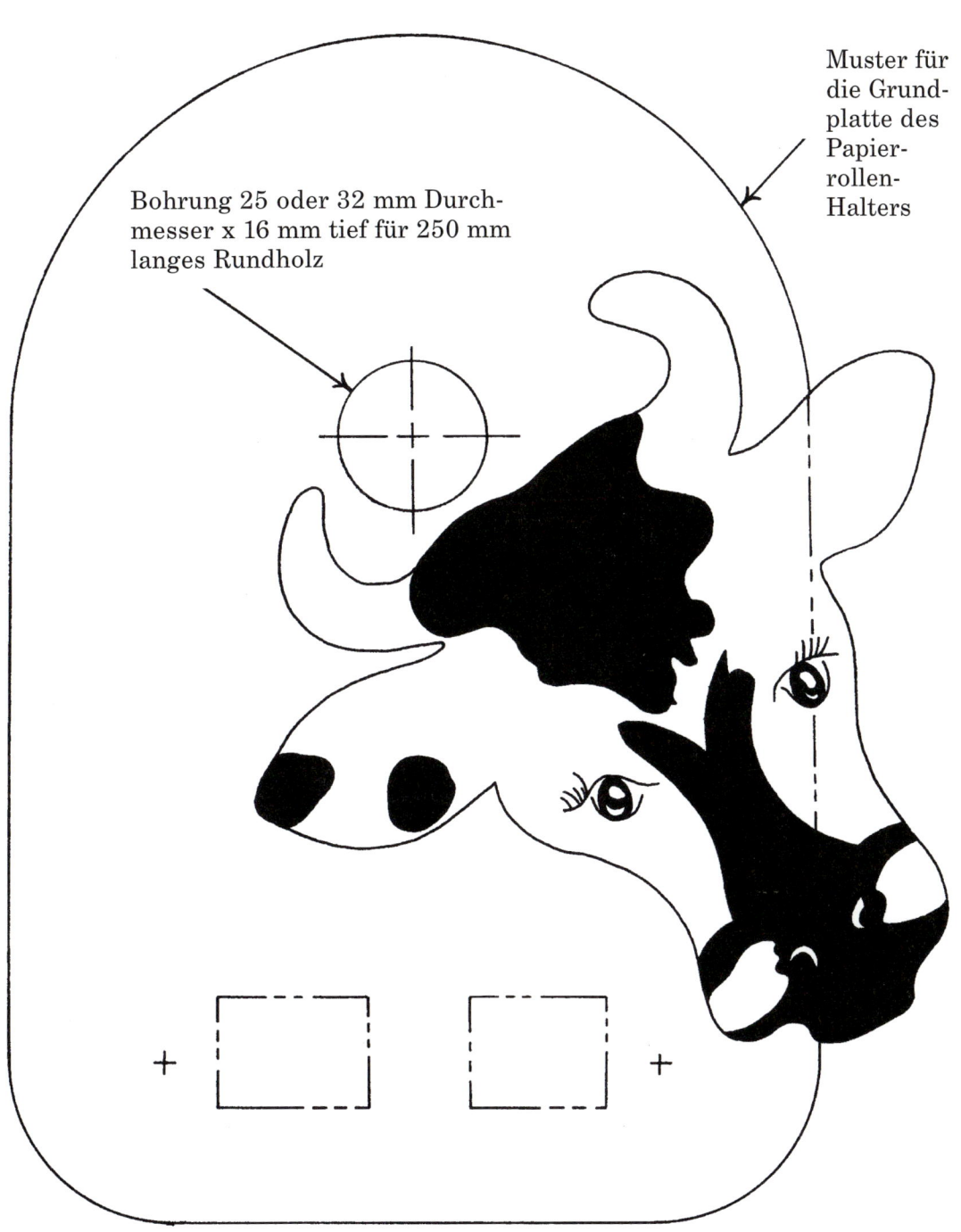

Muster für
die Grund-
platte des
Papier-
rollen-
Halters

Bohrung 25 oder 32 mm Durchmesser x 16 mm tief für 250 mm
langes Rundholz

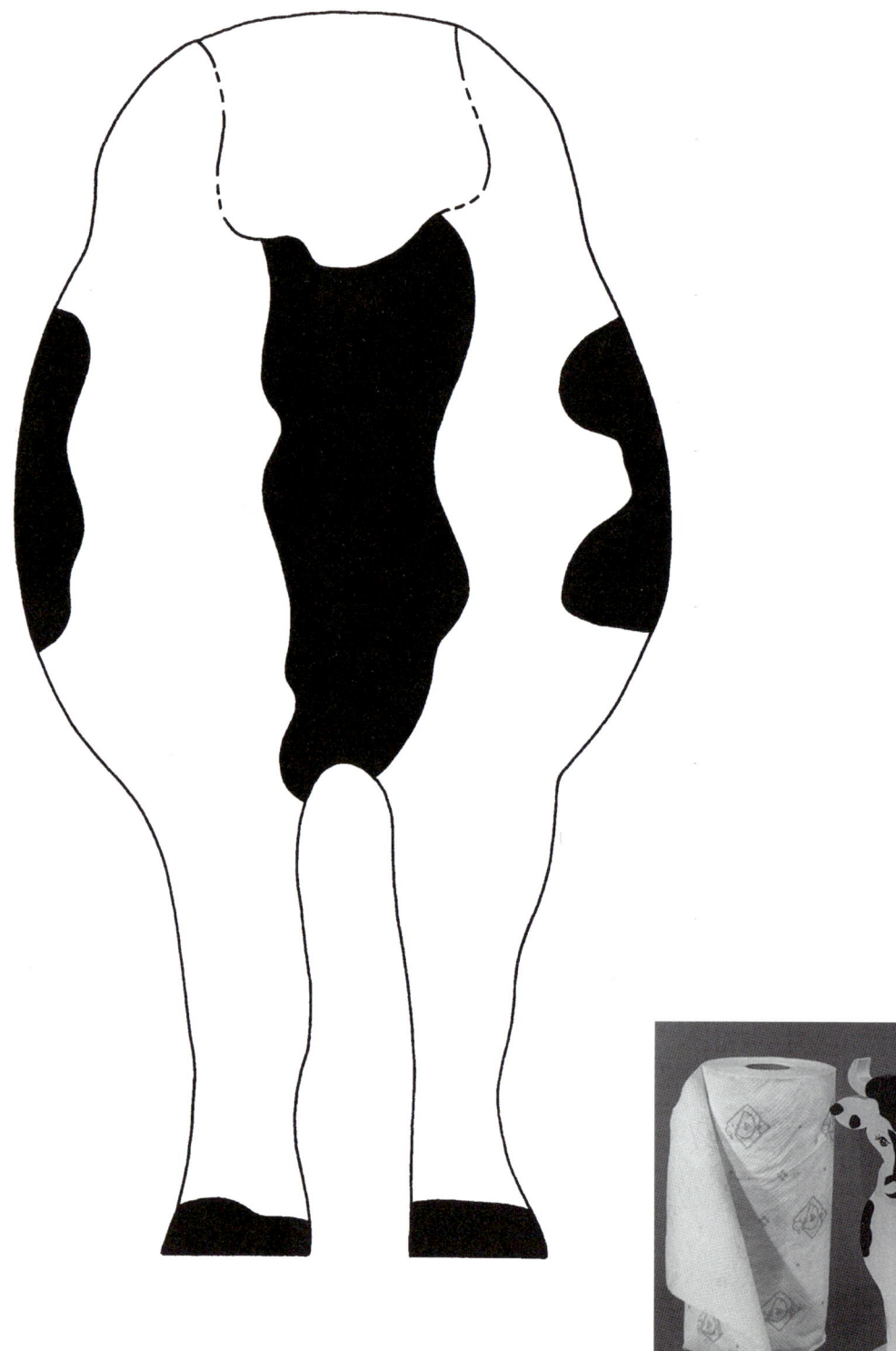

Papierrollen-Halter, entworfen und angefertigt von
Sally und Charles Clements (siehe auch die Farbabbildung auf der Umschlagseite hinten).

Plaketten und Silhouetten

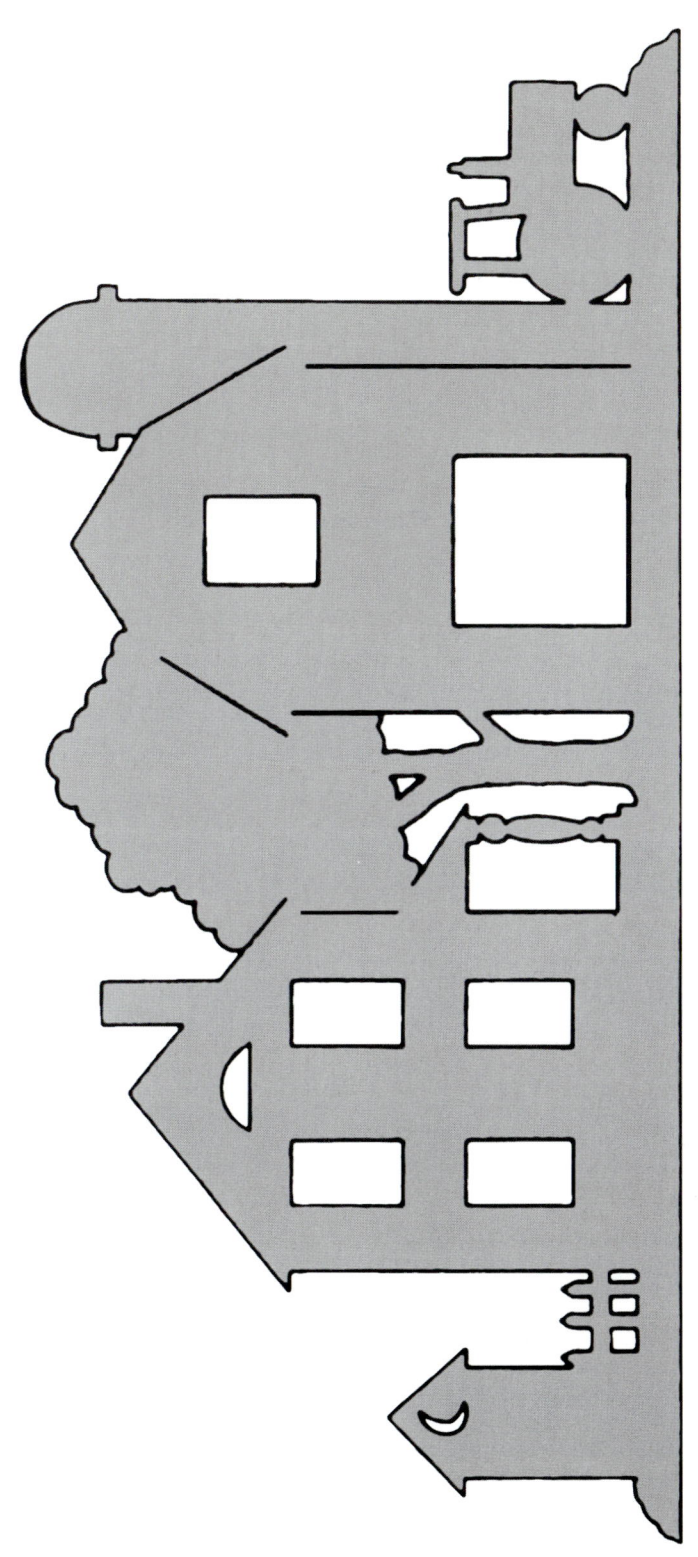

A

B

133

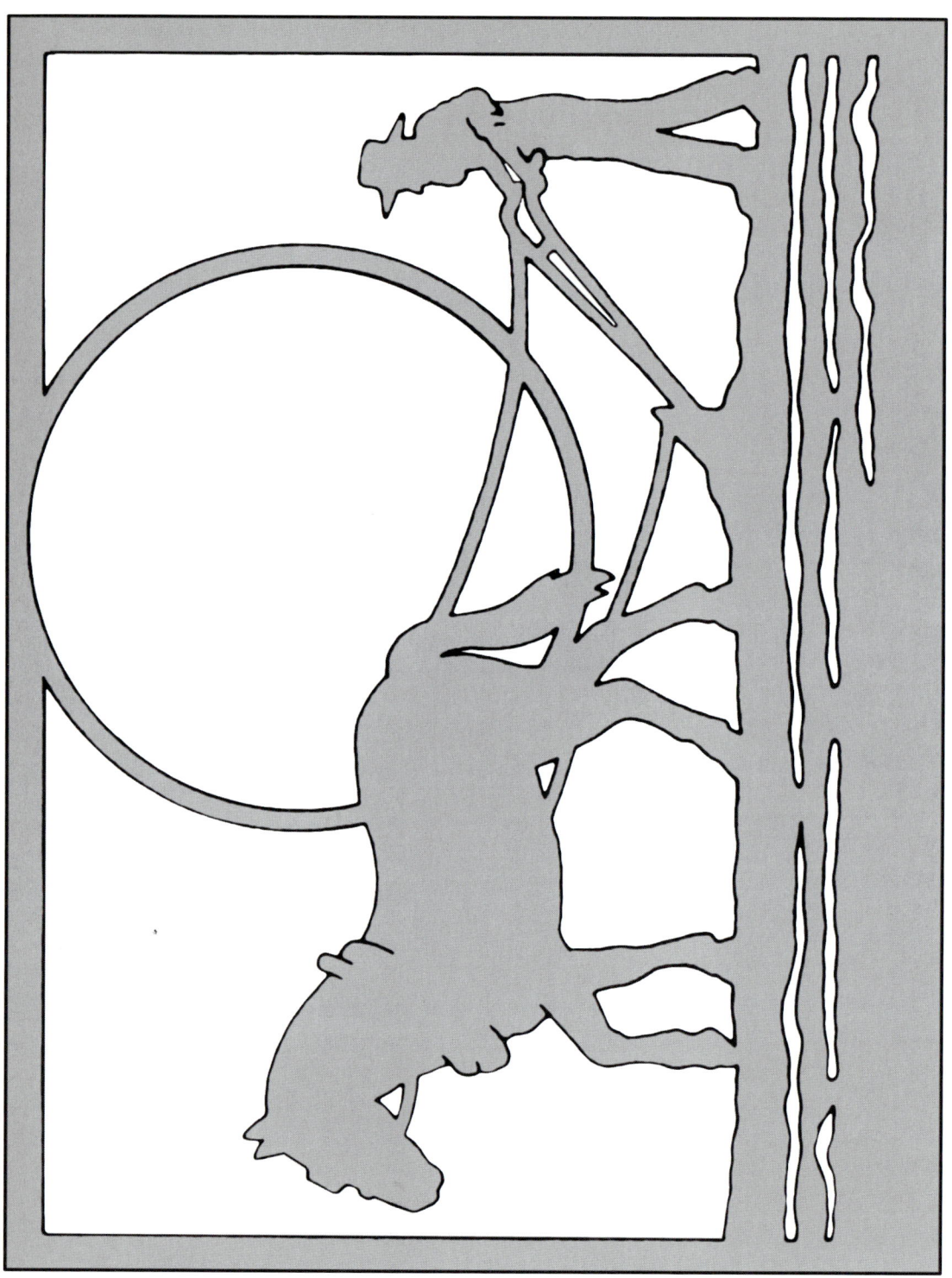

134

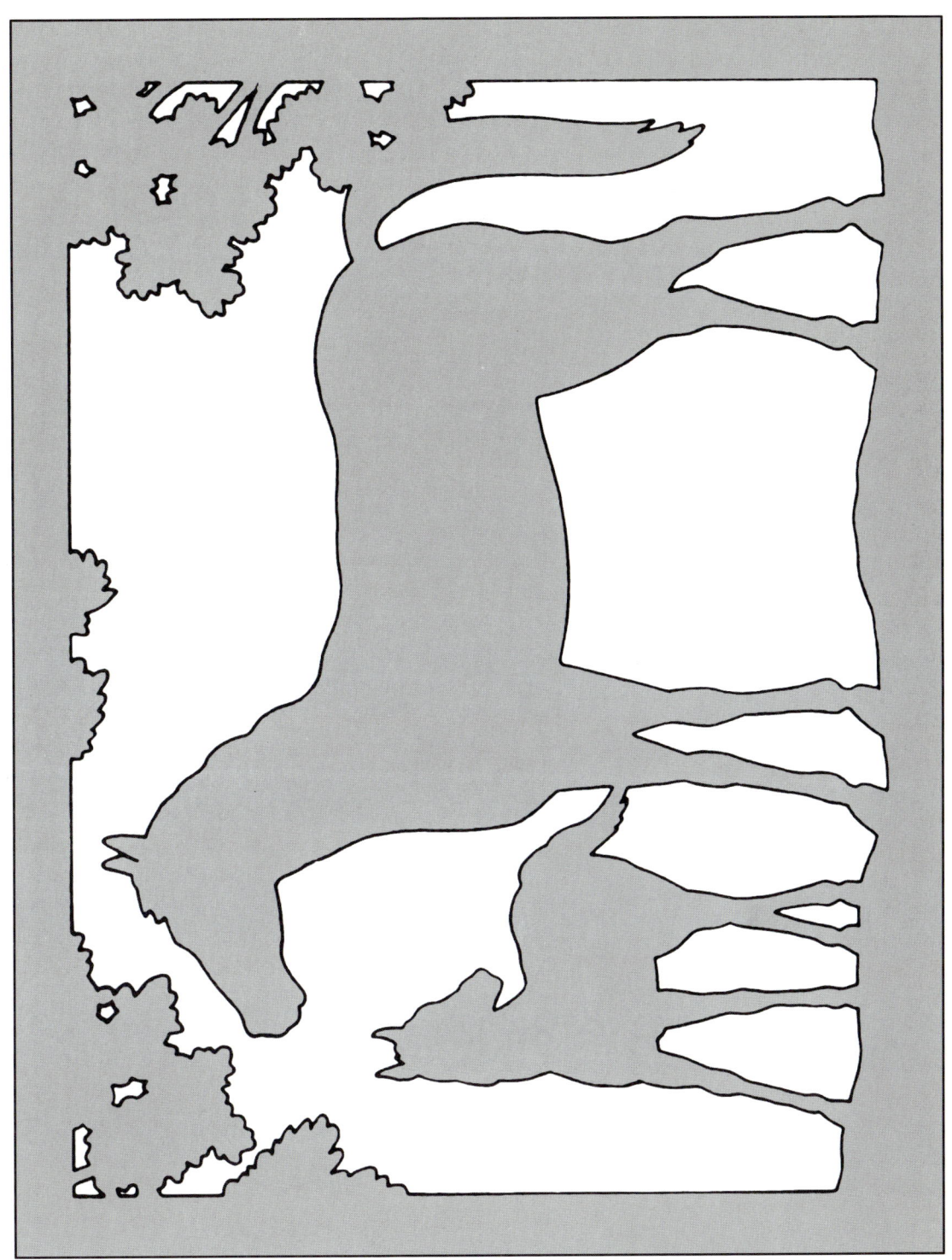

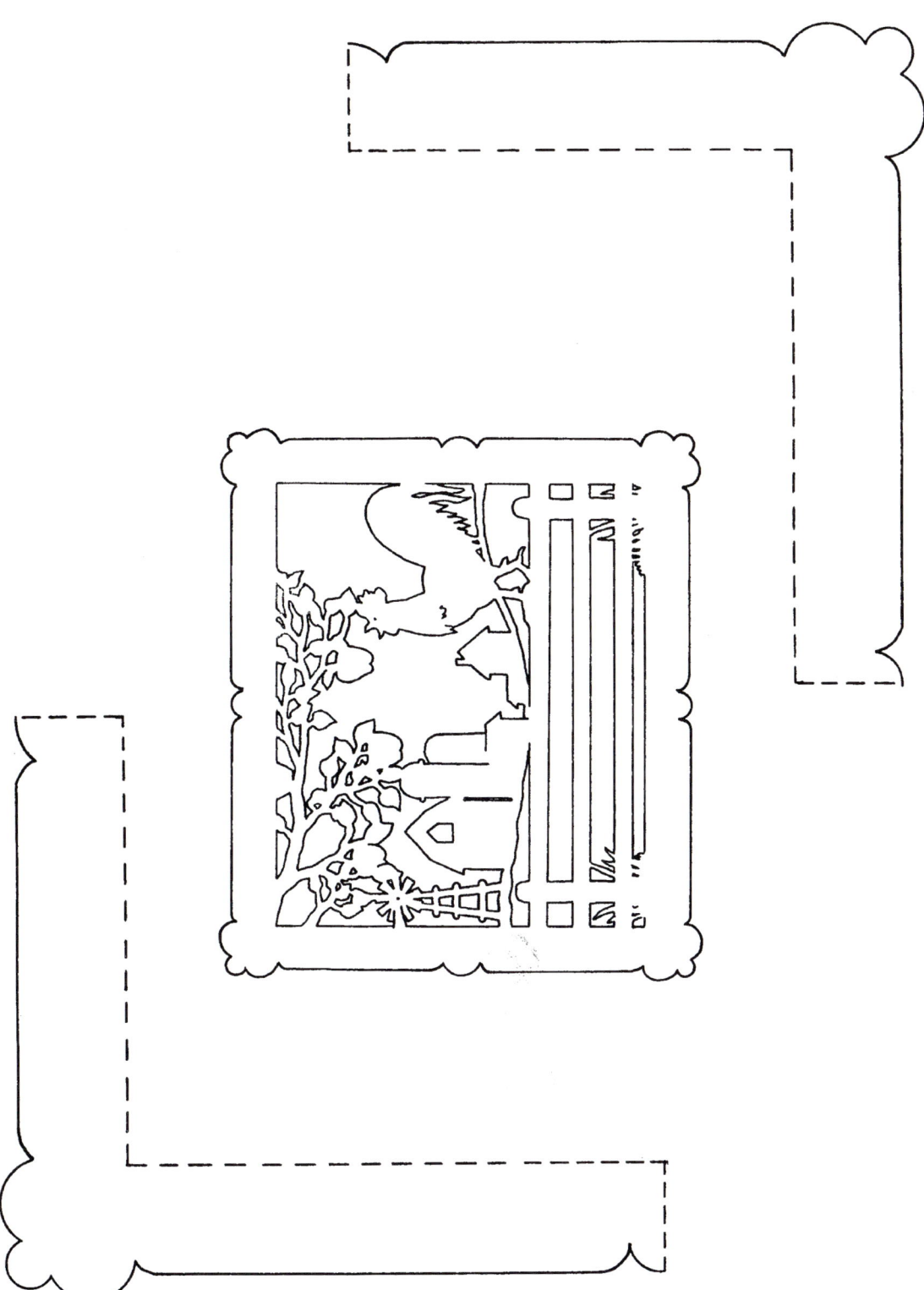

Briefständer

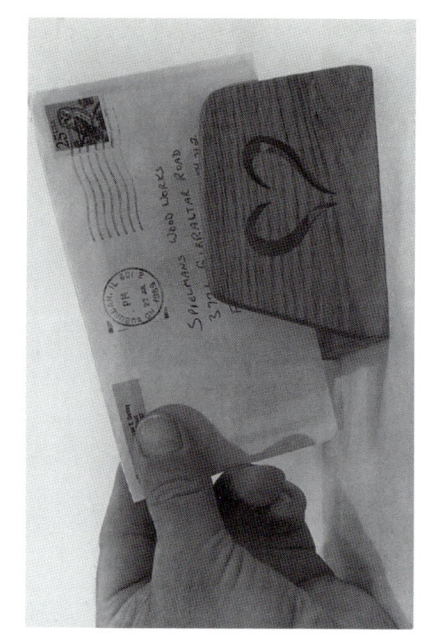

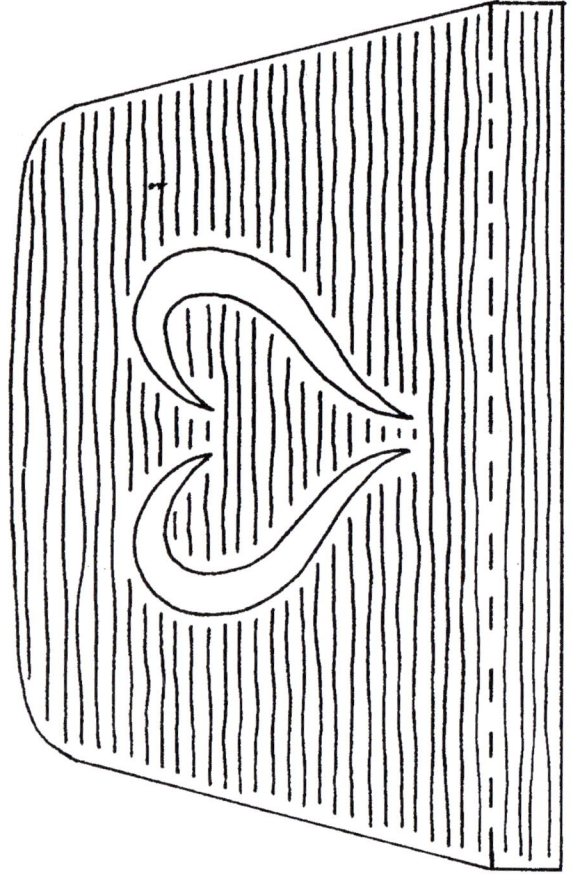

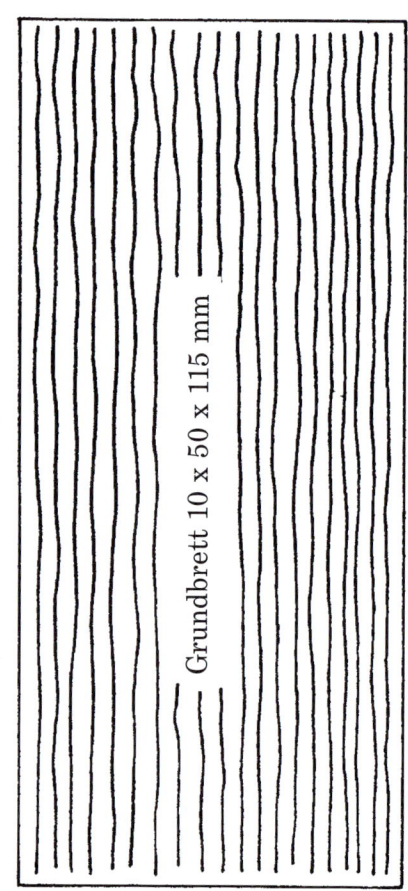

Grundbrett 10 x 50 x 115 mm

Briefständer mit Schlüsselhalter

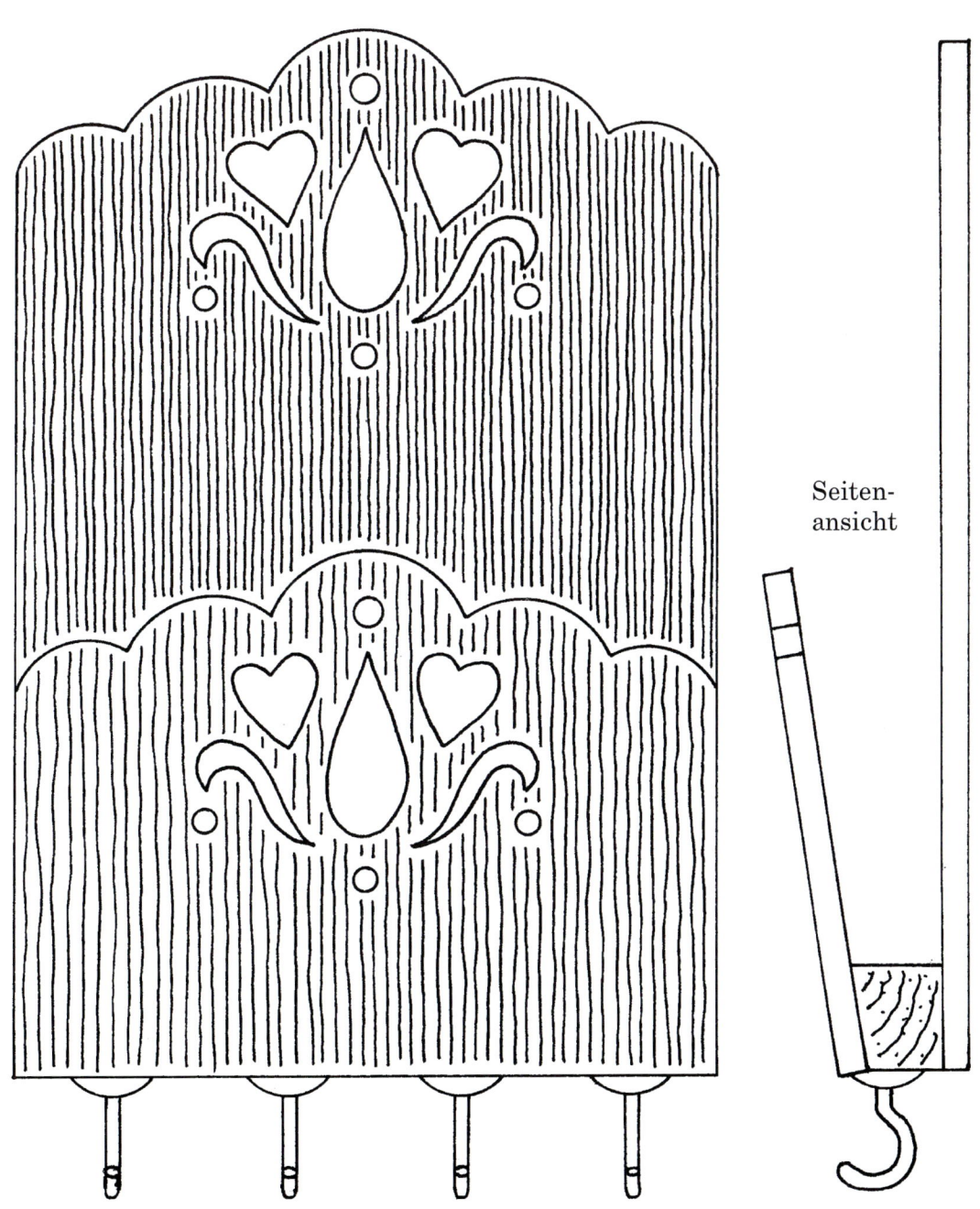

Seiten-
ansicht

Küchengeräte

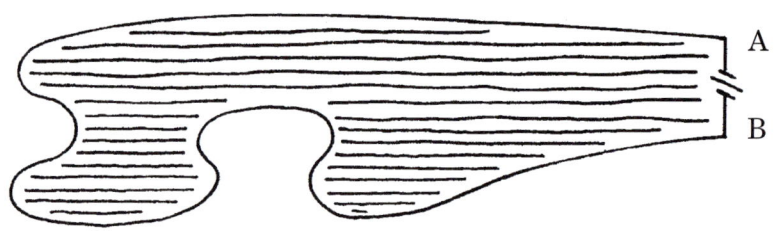

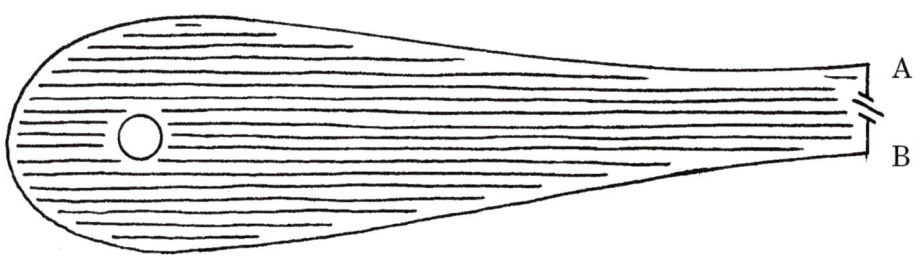

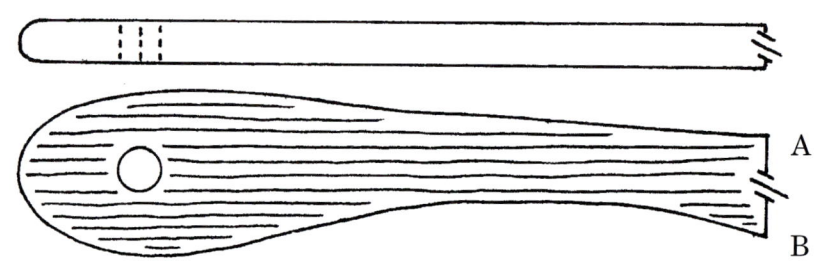

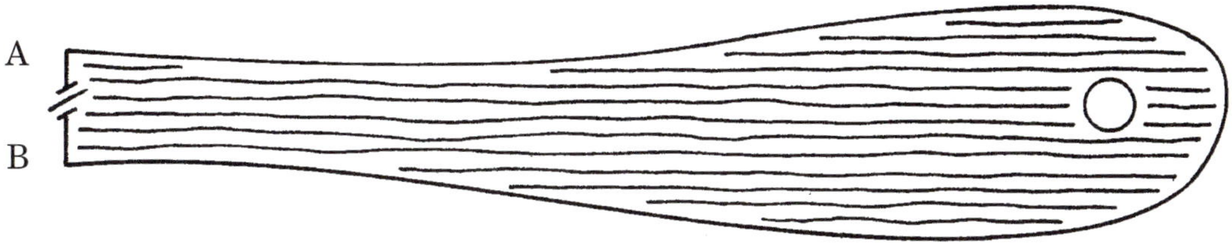

A

B

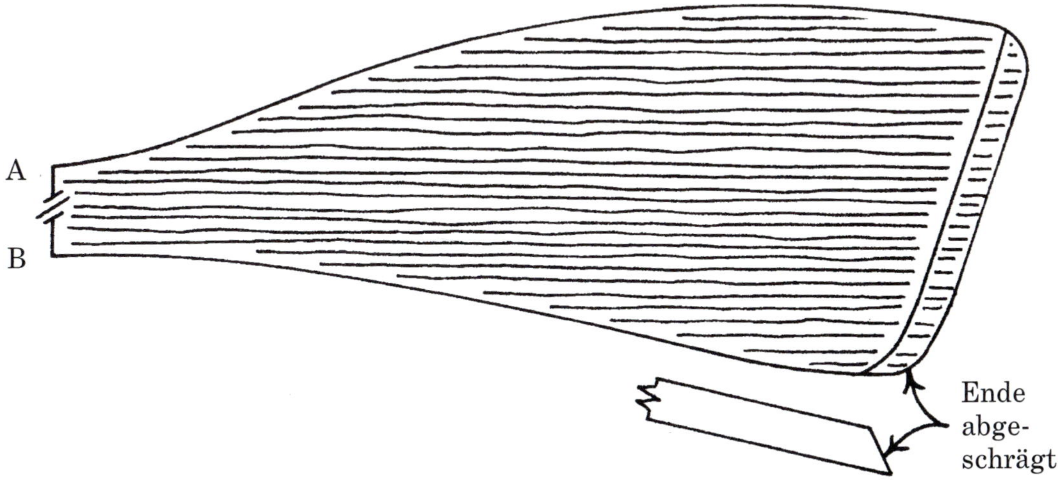

A

B

Ende
abge-
schrägt

konisches Blatt

A

B

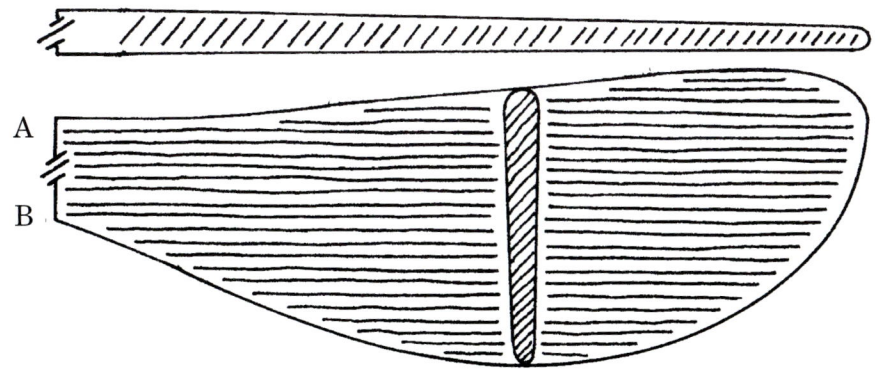

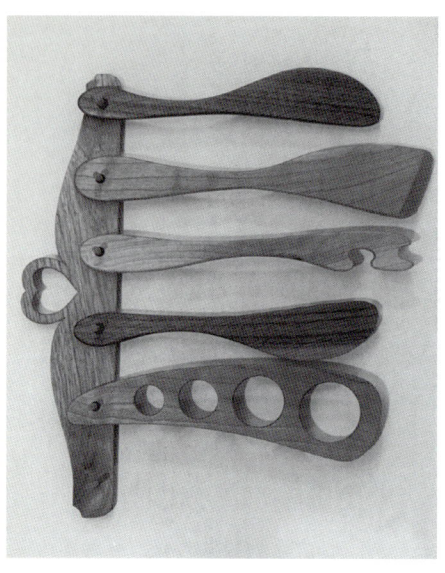

Hölzerne Küchen-
geräte mit ihrer
Halterung.
Von links nach
rechts: Pasta-Maß,
Streichholz,
Schieb- und Zieh-
holz für den Ofen
und Schaber
(siehe auch die
Farbabbildung auf
der hinteren Um-
schlagseite innen).

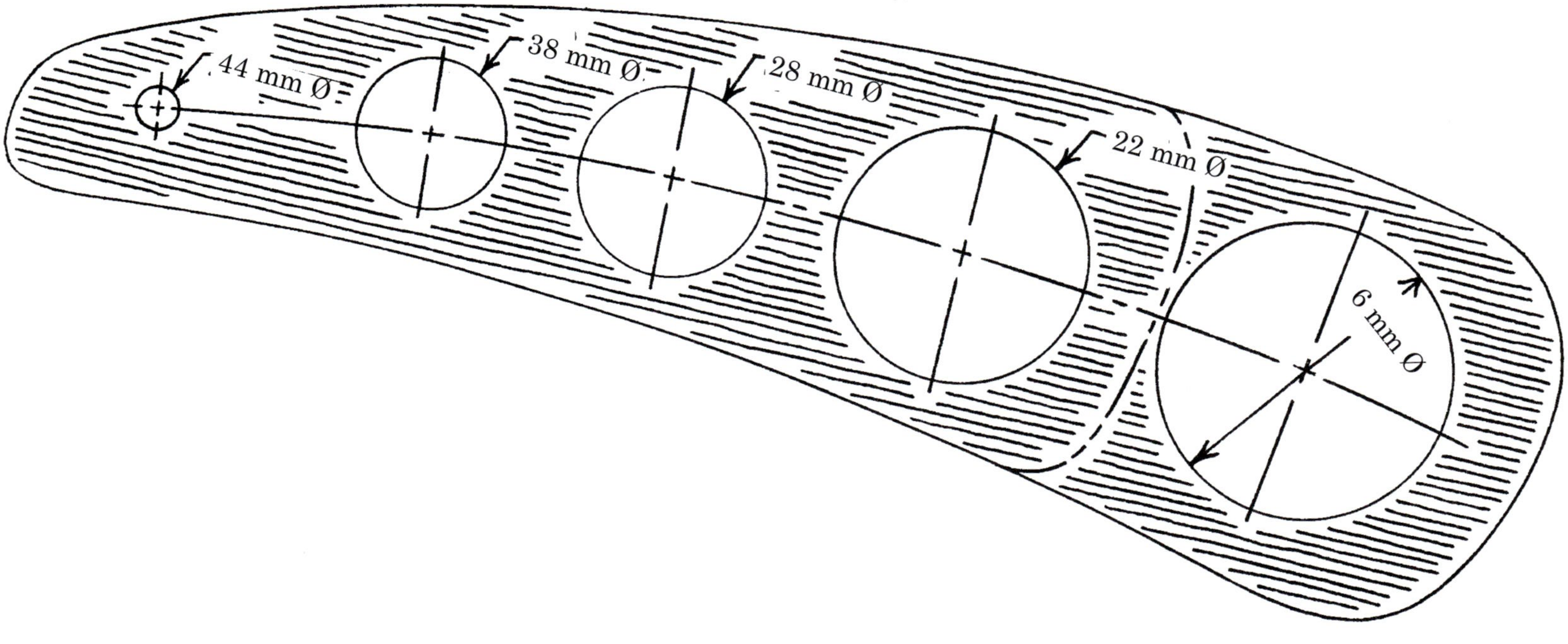

6 mm Ø

22 mm Ø

28 mm Ø

38 mm Ø

44 mm Ø

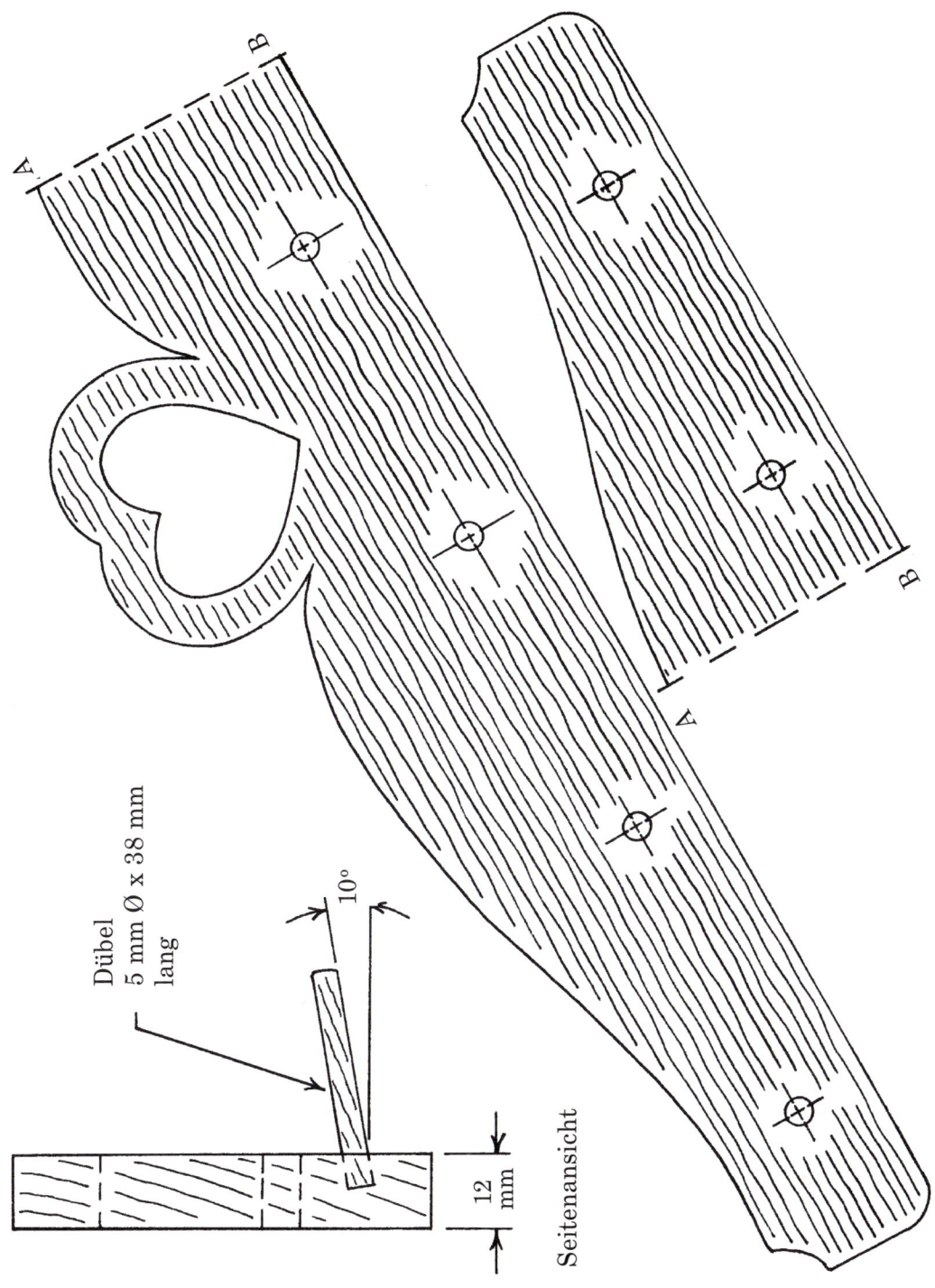

B

A

Dübel
5 mm Ø x 38 mm
lang

10°

12
mm

Seitenansicht

145

Untersetzer

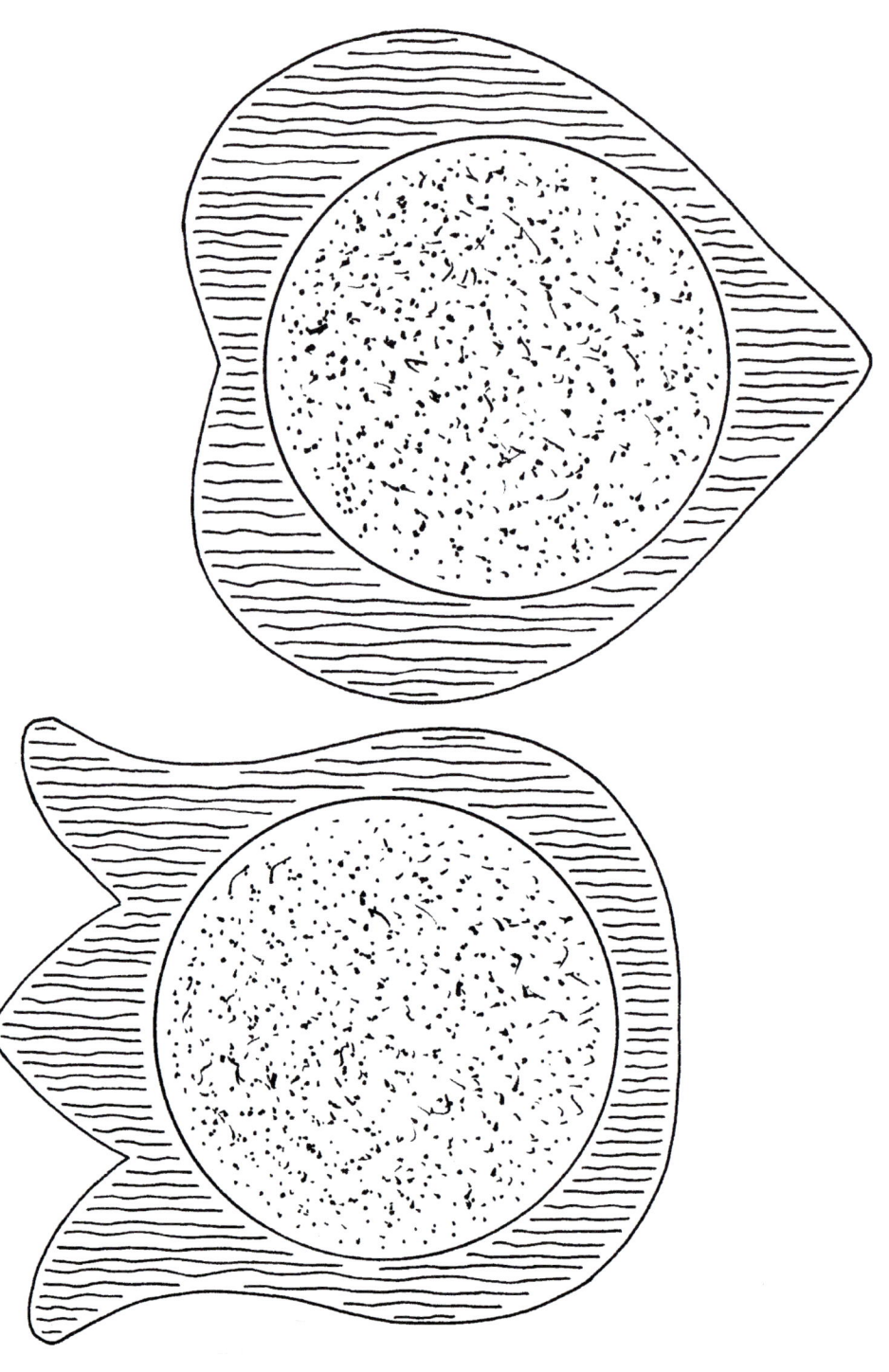

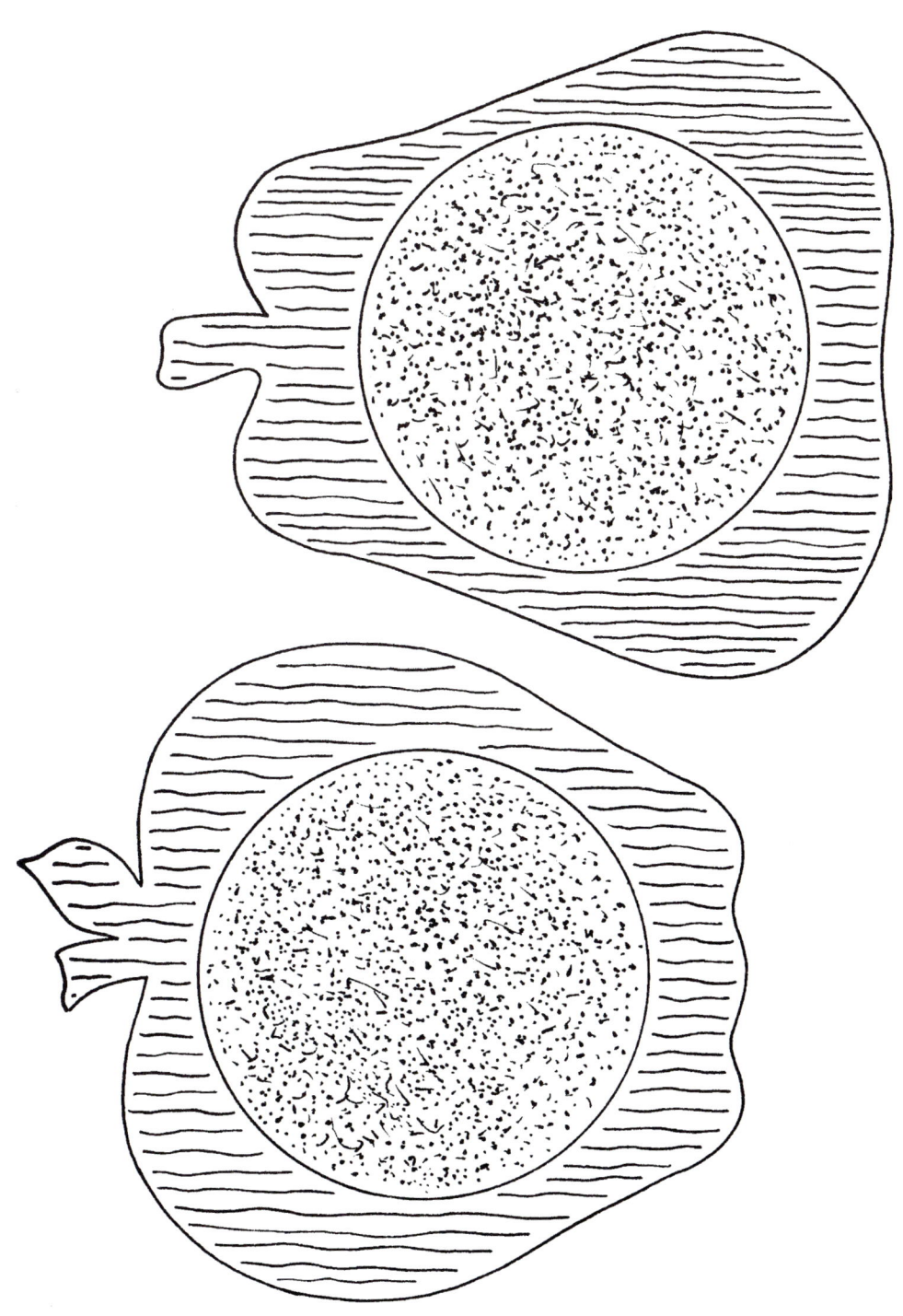

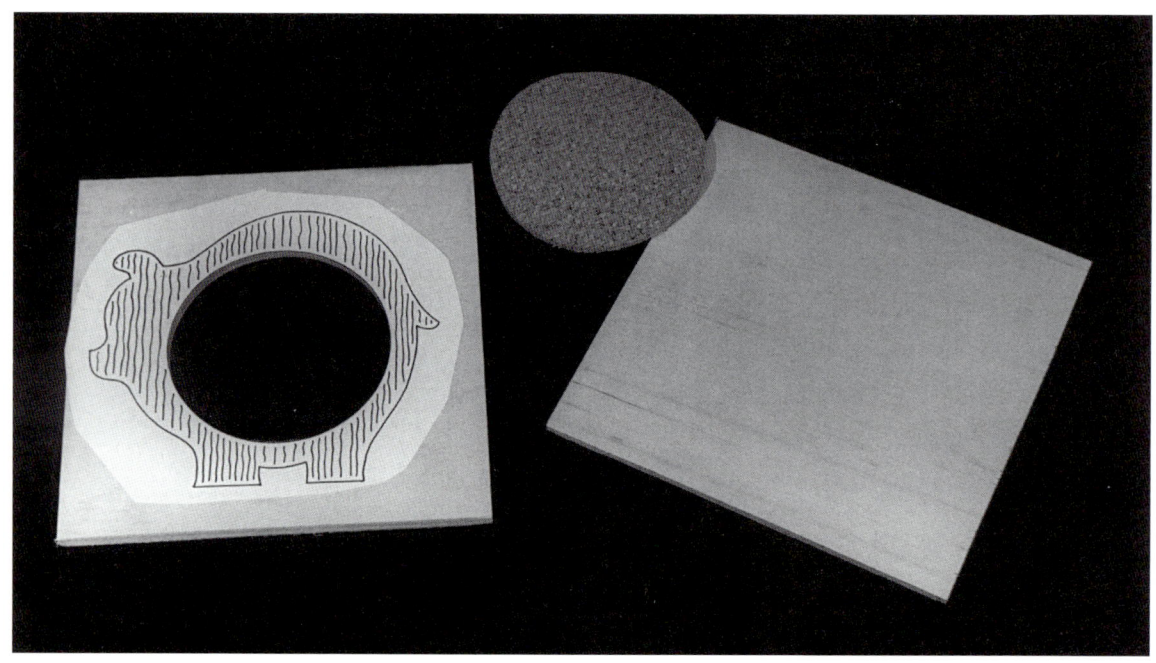

Die Untersetzer haben eine 3 mm starke Korkeinlage (siehe auch die Farbabbildung auf der vorderen Umschlagseite).

Die Untersetzer werden aus zwei Lagen von 6 mm starkem Sperrholz gefertigt. Der kreisförmige Durchbruch (linkes Stück) wird zuerst ausgesägt, dann das Stück auf die untere Lage geleimt und zuletzt der Umriß von beiden ausgesägt.

148

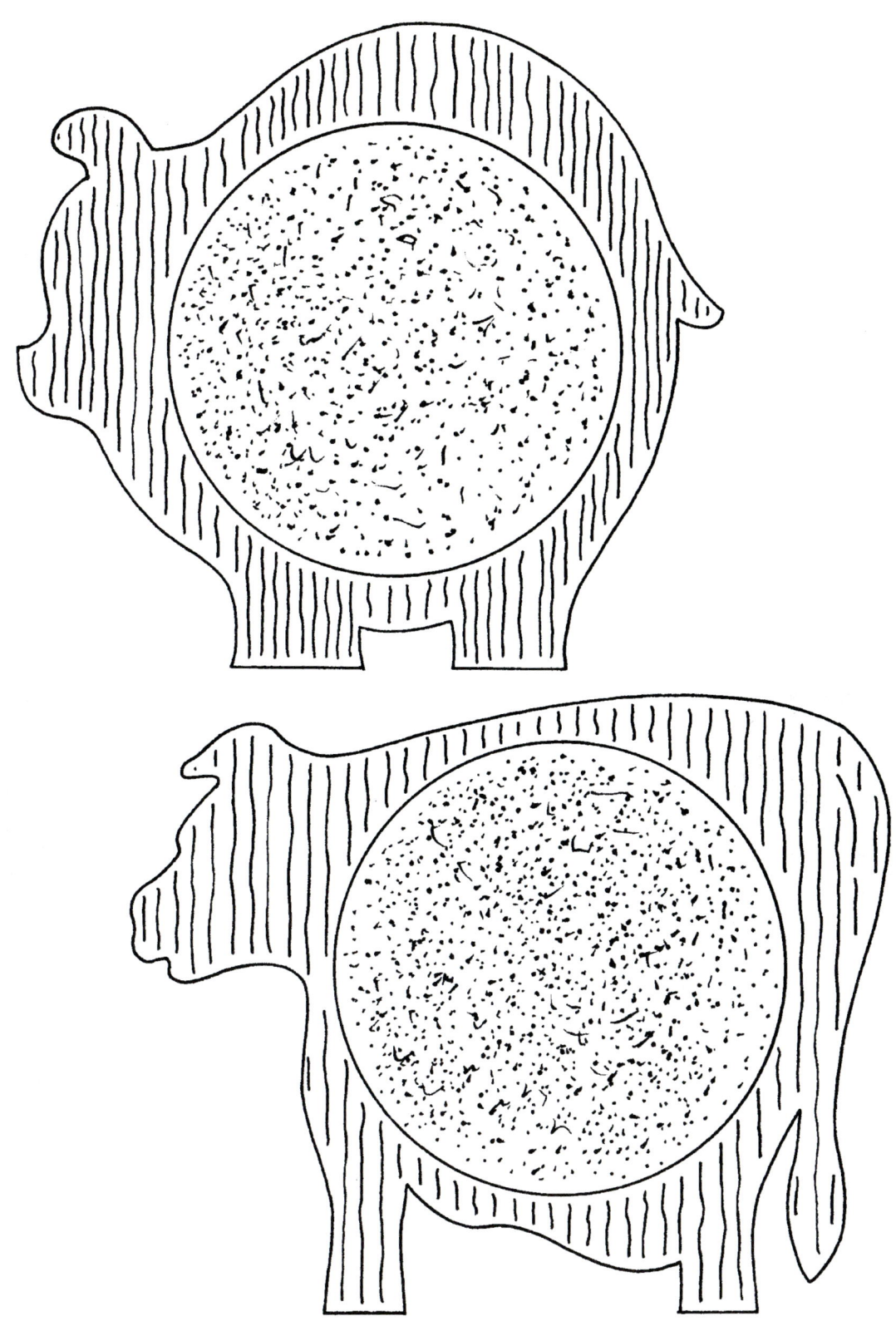

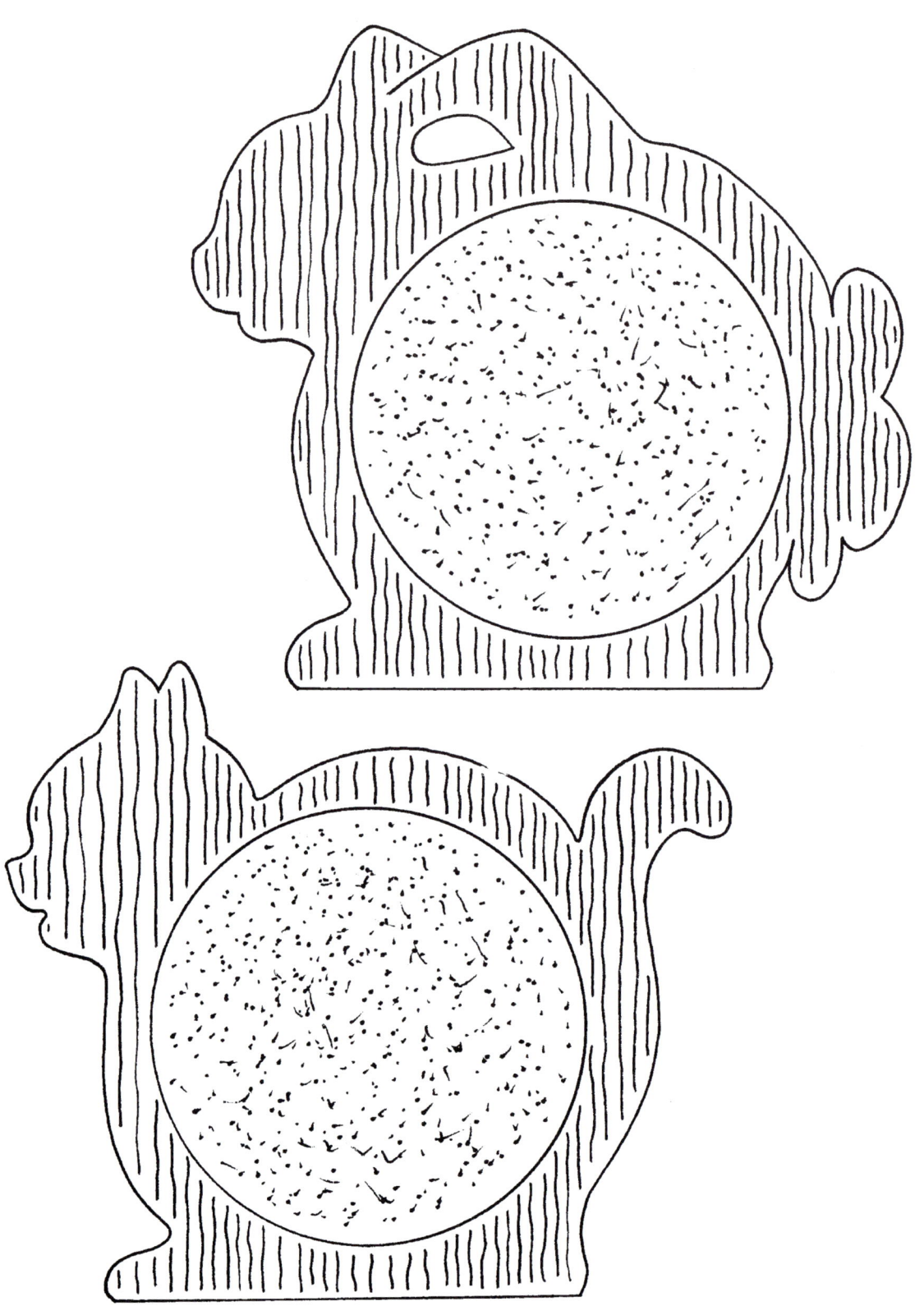

Kästchen

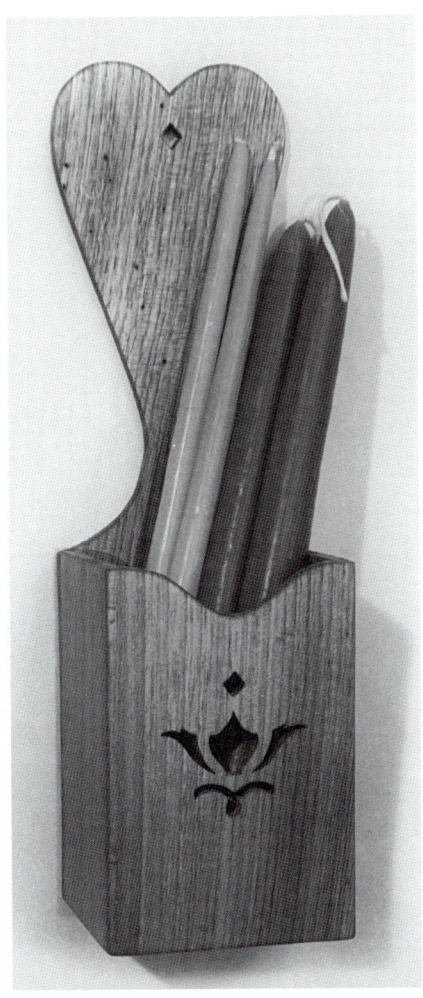

Wandkästchen für Kerzen

Seitenansicht

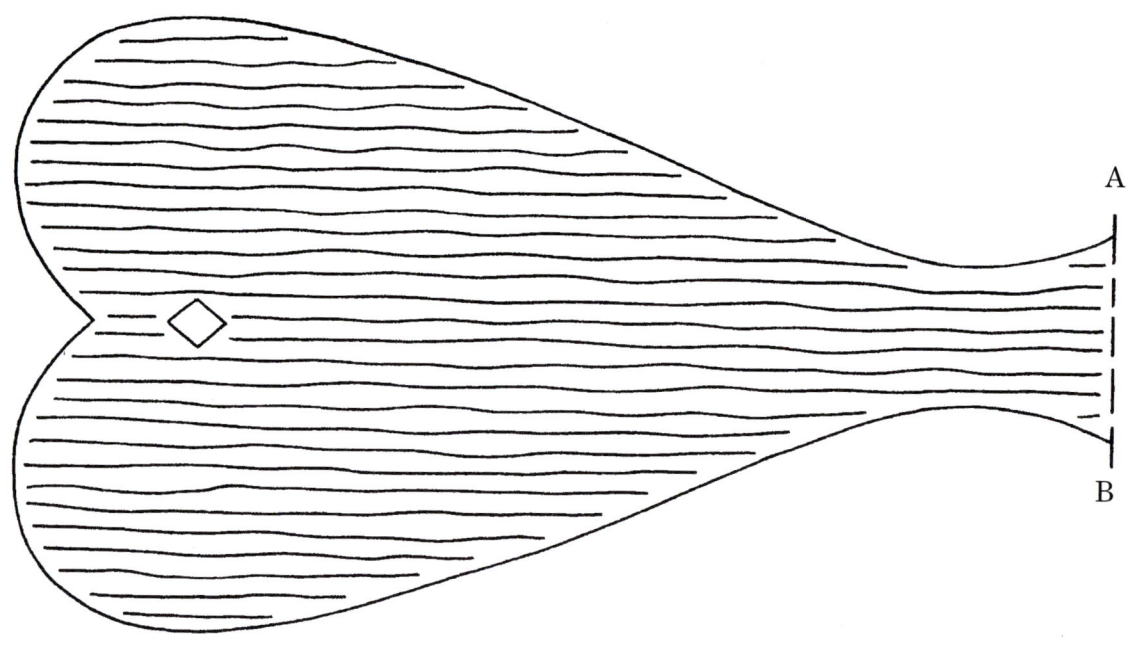

Blumenkästchen
aus 6 mm Butternuß (Juglans cinerea)
für Kunst- oder Trockenblumen
(siehe auch die Farbabbildung auf der
hinteren Umschlagseite innen)

Zündholz-Kästchen

Seitenansicht

Wandkästchen für Zündhölzer

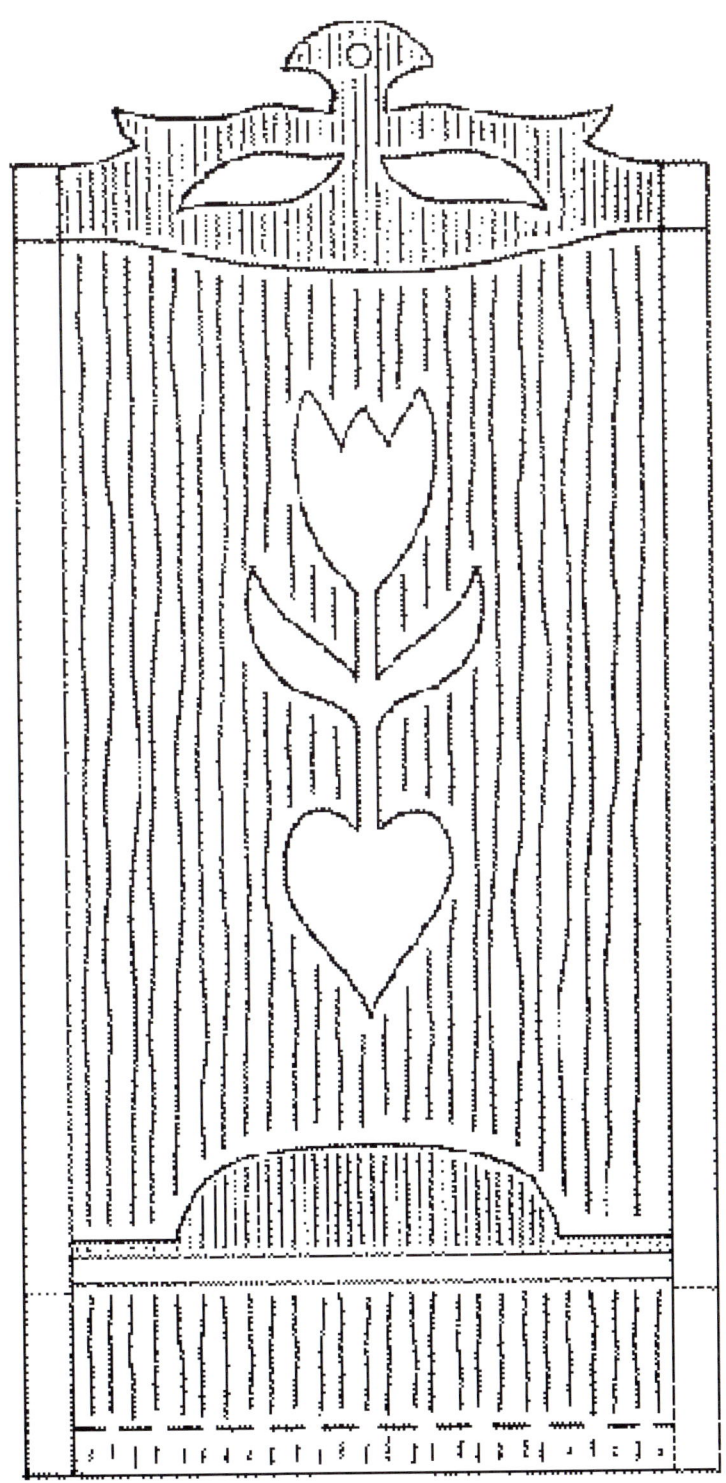

Vorderansicht

Wandkästchen für extra lange Zündhölzer (siehe auch die Farbabbildung
auf der vorderen Umschlagseite)

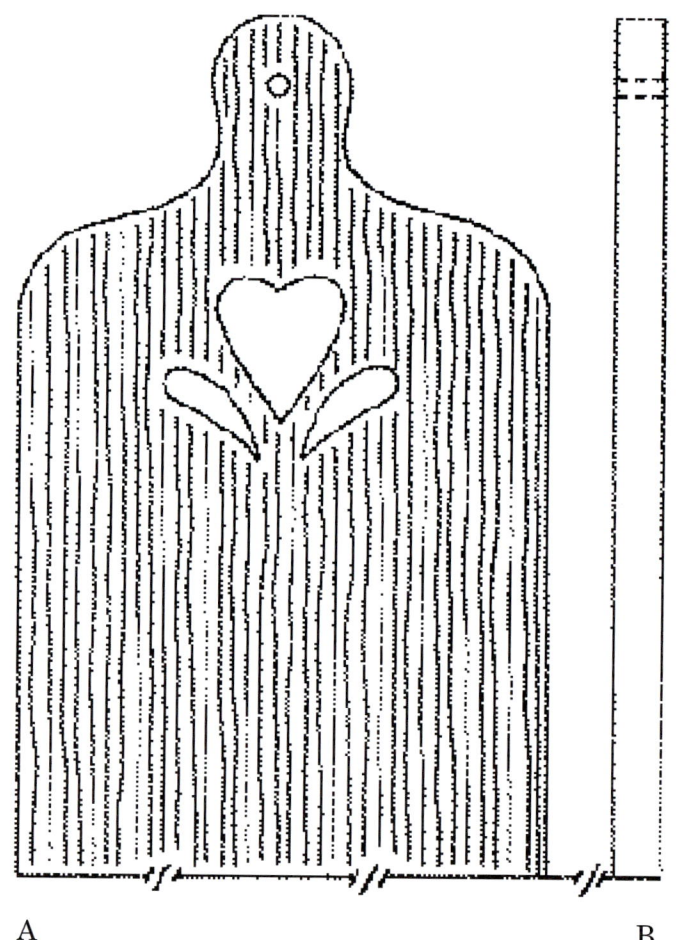

A

B

A

B

Borde

Sammler-Regal aus 6 mm starkem, wurmstichigen Butternußholz (Juglans cinerea)

Rechts: Regal für Miniaturen oder Sammlungs- stücke (siehe auch die Farbabbildung auf der vorderen Umschlagseite)

Wandbord aus 6 mm
starker, wurmstichiger
Butternuß

Wandbord aus 6 mm
starker Butternuß

159

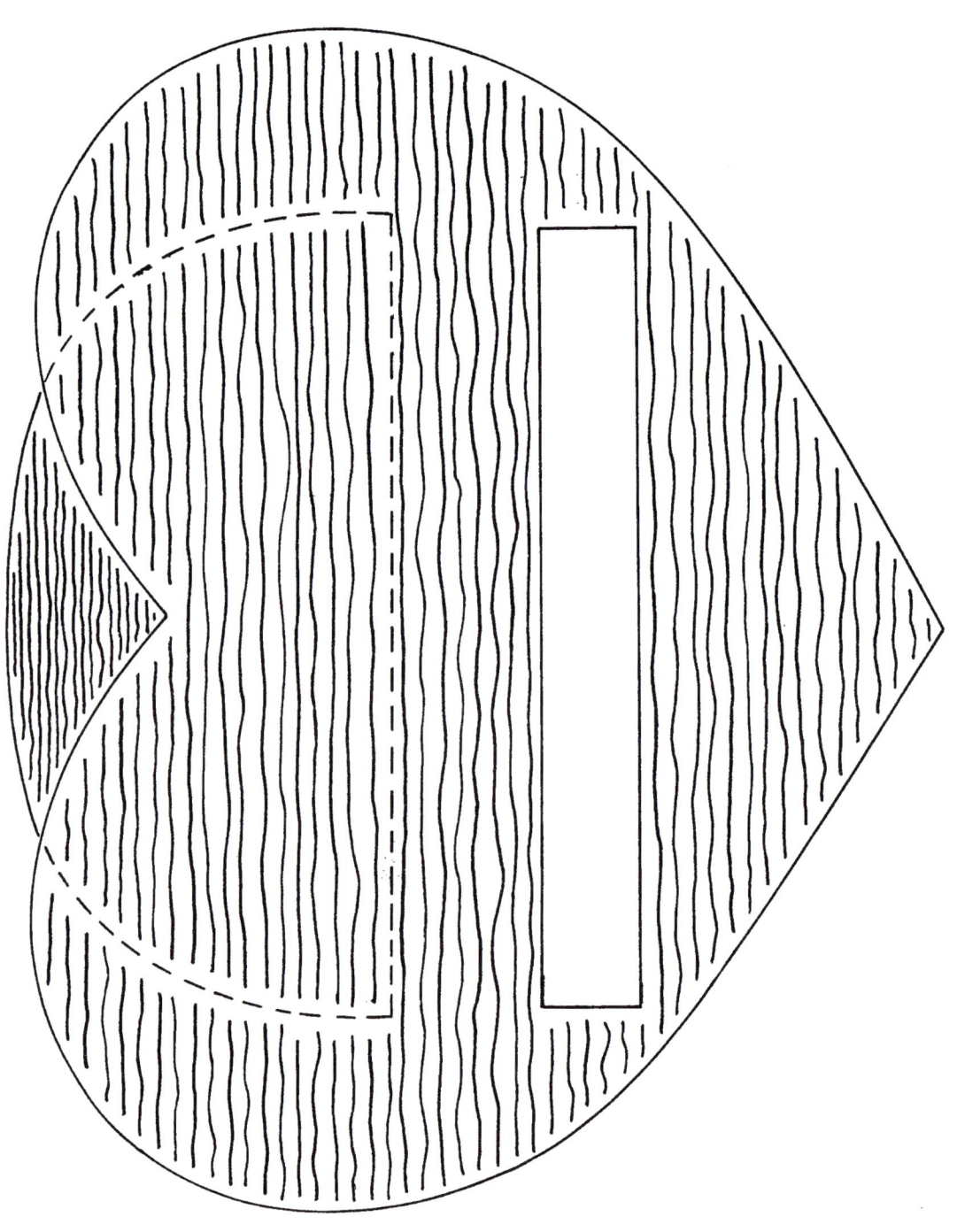

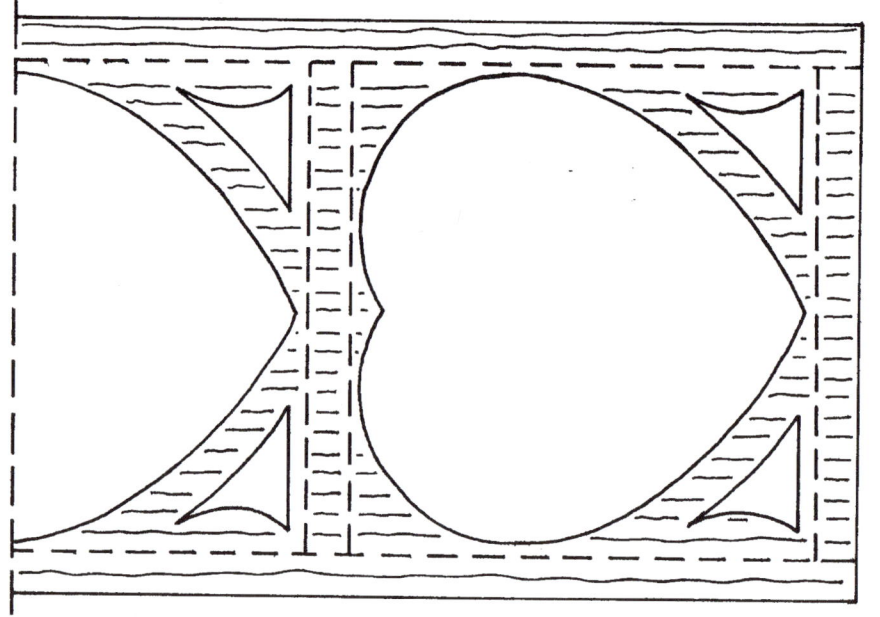

Zusätzlich zur Vorder- und Rückwand
werden benötigt:
2 Seiten 6 x 64 x 240 mm
4 Borde 6 x 64 x 76 mm

A

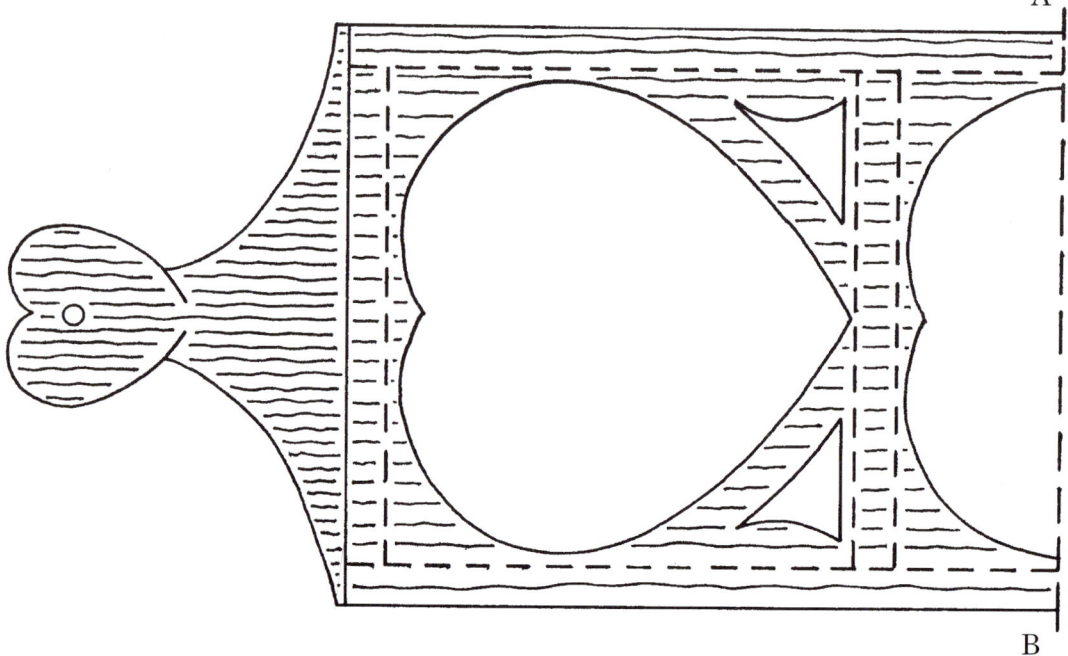

B

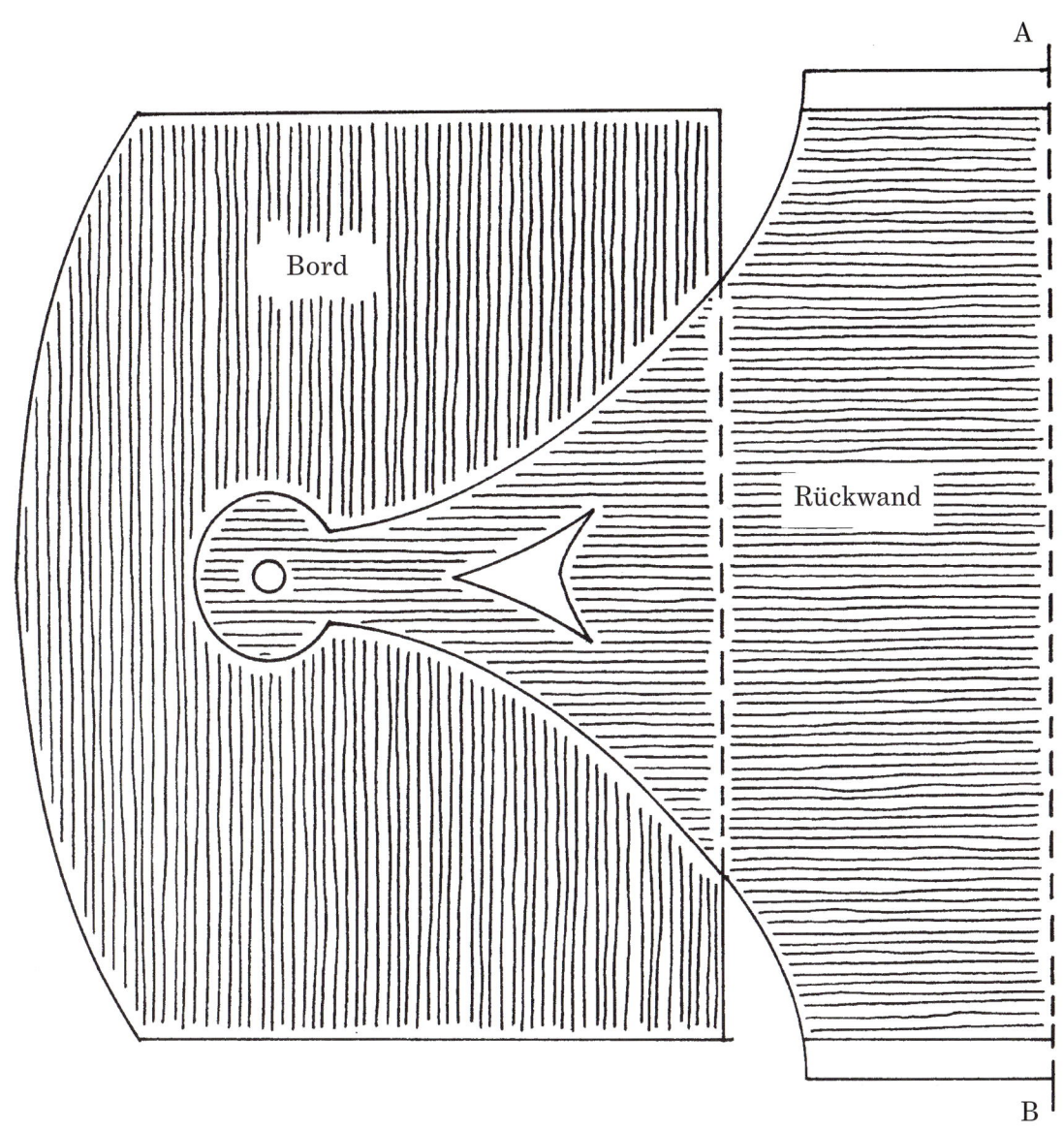

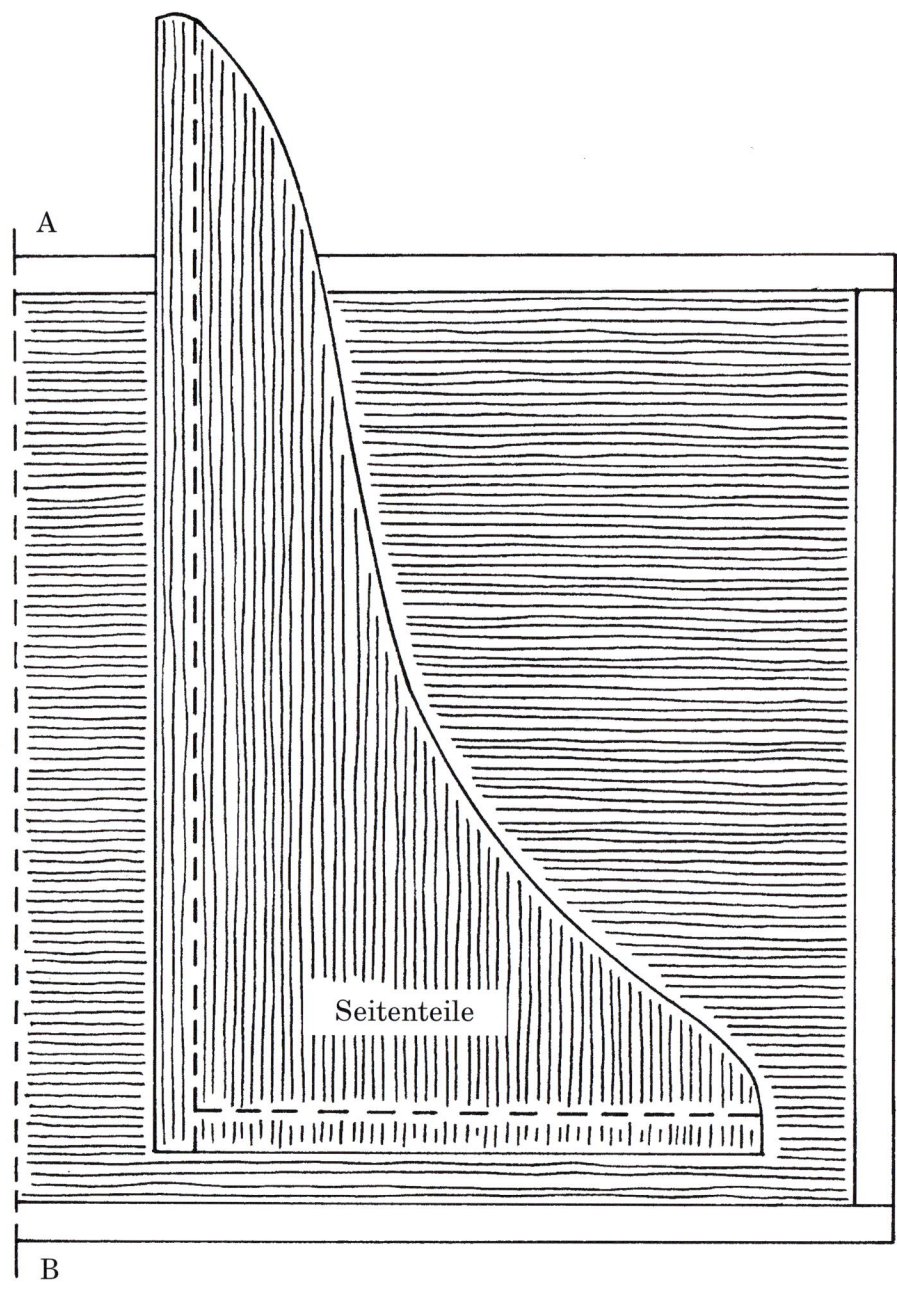

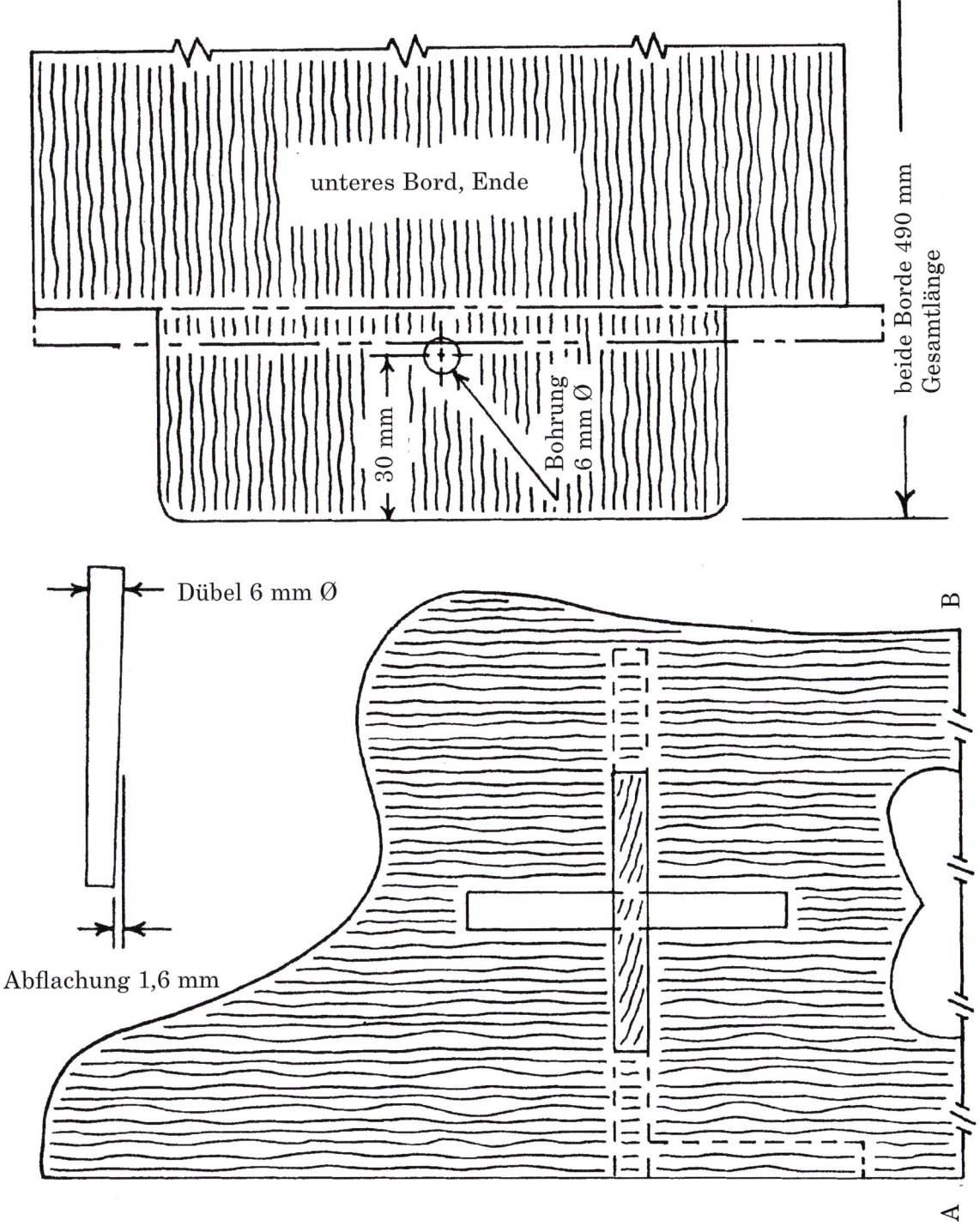

unteres Bord, Ende

beide Borde 490 mm Gesamtlänge

30 mm

Bohrung 6 mm Ø

Dübel 6 mm Ø

Abflachung 1,6 mm

A

B

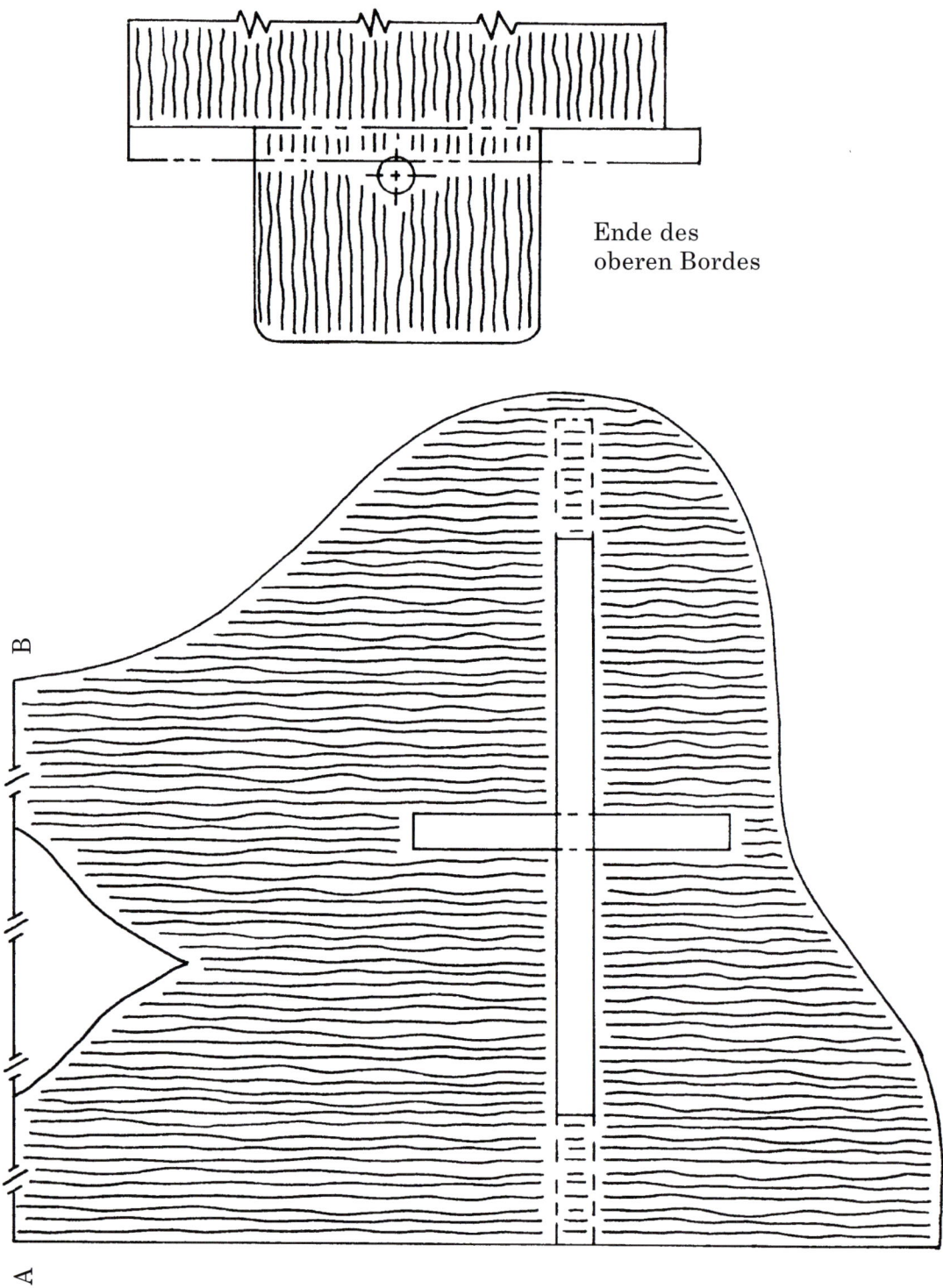

Ende des
oberen Bordes

Alphabete

ABCDEF
GHIJKL
MNOPQ
RSTUV
WXYZ
1234567890

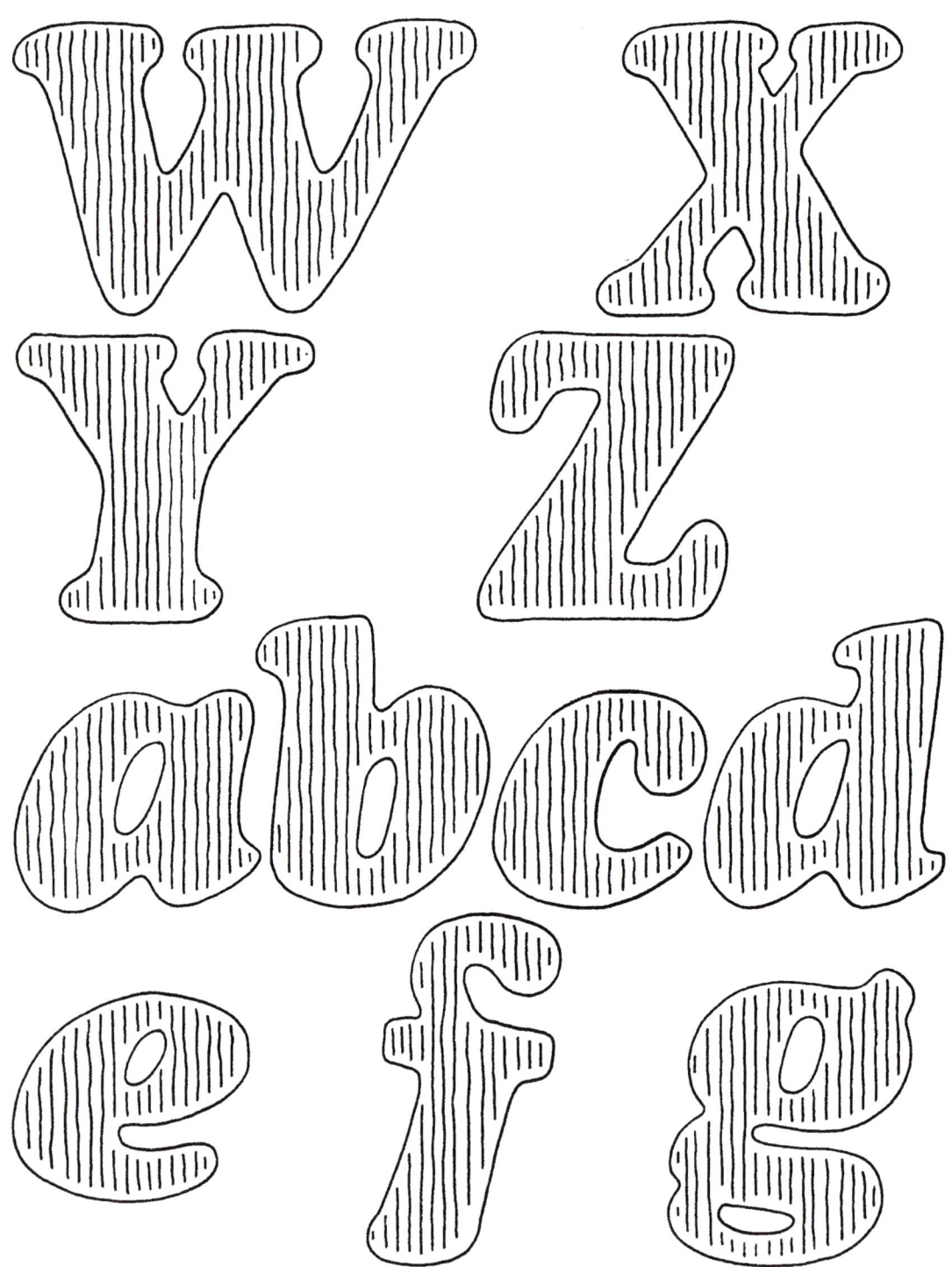

ABCDEF
GHIJKL
MNOPQR
STUVWX
YZ
1234567
890 &

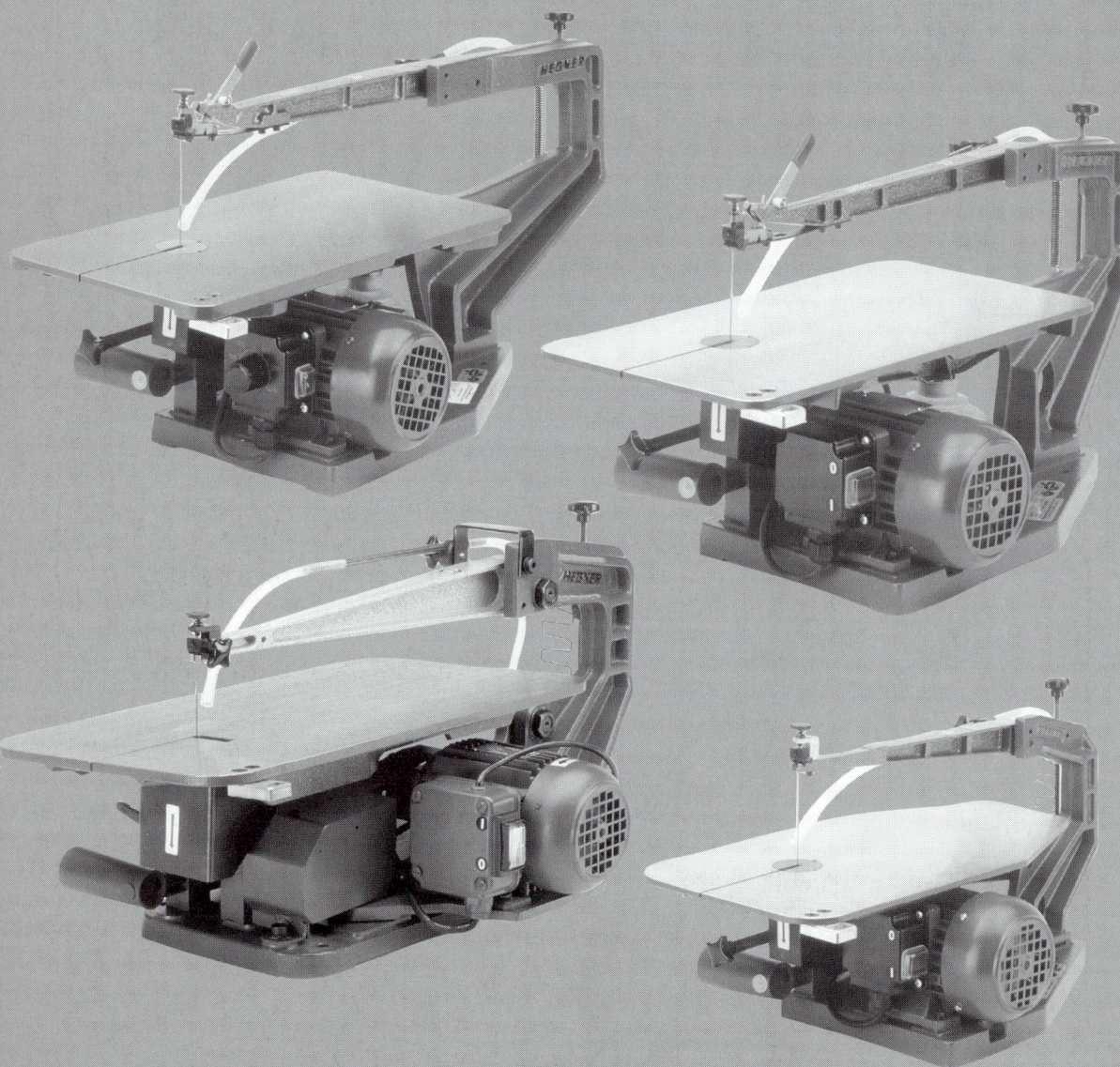

Bücher für Beruf und kreative Freizeitgestaltung